娱乐化思维

所有生意都值得重做一遍

泊明 著

机械工业出版社
CHINA MACHINE PRESS

随着新消费时代的到来，人们对产品娱乐性的需求越来越高，娱乐性需求已经成为一种刚性需求。未来商业竞争的发力点很大程度集中在如何通过赋予产品娱乐性以满足用户新的消费需求上。同时，在这个注意力日益稀缺的时代，如果你的产品和营销不具备娱乐性，不能够满足用户对趣味性、艺术性、情感性、社交性、流行性等的娱乐性需求，就很难获得消费者的关注并促成购买。

本书通过对用户娱乐性需求的深入剖析，总结出了一套赋予产品和营销娱乐性的、可全方位应用于商业创新的方法论——娱乐化思维。娱乐化思维不仅能够帮助企业实现在产品上的娱乐化和创新，同时也能够很好地帮助企业实现营销内容化、内容娱乐化，使企业在严重同质化竞争的市场环境中快速提升品牌竞争力，提升企业营销的获客效率，降低营销成本。

未来，"一切行业都是娱乐业"，所有生意都值得用娱乐化思维重做一遍！

图书在版编目（CIP）数据

娱乐化思维：所有生意都值得重做一遍 / 泊明著. —北京：机械工业出版社，2020.8（2021.11 重印）

ISBN 978-7-111-67105-3

Ⅰ. ①娱⋯　Ⅱ. ①泊⋯　Ⅲ. ①营销策略　Ⅳ. ①F713.50

中国版本图书馆 CIP 数据核字（2020）第 258329 号

机械工业出版社（北京市百万庄大街 22 号　邮政编码 100037）
策划编辑：侯春鹏　　　　责任编辑：侯春鹏　李佳贝
责任校对：张　力　梁　静　责任印制：郜　敏
北京汇林印务有限公司印刷
2021 年 11 月第 1 版第 3 次印刷
169mm×239mm・11.5 印张・1 插页・173 千字
标准书号：ISBN 978-7-111-67105-3
定价：59.00 元

电话服务　　　　　　　网络服务
客服电话：010-88361066　机 工 官 网：www.cmpbook.com
　　　　　010-88379833　机 工 官 博：weibo.com/cmp1952
　　　　　010-68326294　金　书　网：www.golden-book.com
封底无防伪标均为盗版　机工教育服务网：www.cmpedu.com

前　　言

用娱乐化思维，所有生意都值得重做一遍

如今的商业竞争越来越激烈，生意越来越不好做，这应该是所有商业人士的一个基本共识。

至于竞争激烈、生意不好做的原因，其实大家也都明白。因为市场上的商品早就供过于求，而商家的技术水平、设计能力和服务能力也都相差无几，所以当前市场竞争的最大特点就是同质化竞争。这种同质竞争之惨烈，已经到了让人目不忍睹的地步。所以才会有企业家哀叹"利润比刀片还薄"，才会有人把竞争的惨状比喻成血流成河、染红水面的"红海"。

因为竞争激烈，所以中国的商业战场上在不断上演着价格战，以及精心设计的各种降价促销活动。

但是，你会发现有一个品牌不仅不降价，反而价格是其他同类产品的几十倍，而且卖得相当火爆。这就是来自英国的戴森，无论是它的吸尘器还是吹风机，或是电风扇，价格都是国产同类产品的几倍到几十倍，但其产品依然十分畅销。在京东商城，一个戴森吹风机的售价是2999元，而一个国产的吹风机最便宜只需49元。即便是小米售卖的吹风机，也不过199元。同为吹风机，价差却有几十倍。戴森凭何做到价高且畅销，这中间的秘密是什么呢？

答案是戴森的电风扇、吹风机和吸尘器与市面上常见的产品有所不同。这个不同体现在多个方面。首先，戴森的电风扇是没有扇叶的，它的吹风机

是中空设计的，吸尘器也是无尘袋的。可以这么说，戴森的电风扇、吹风机和吸尘器在外观上已经突破了人们对这些产品的固有印象，让消费者耳目一新。同时，高昂的售价也带来了尊贵感。当然，戴森产品的功能相比市面上常见的同类产品也有了较大的提升。

其次，从竞争的角度来说，戴森与同类商家表面上卖的是同一类产品，但实际上是不同的产品。戴森利用创新在市场竞争中取得差异化的竞争优势，通过功能和外观的差异化，最终形成了品牌的差异化，获得了品牌溢价的能力。

最后，如果大家更进一步去思考就会发现，虽然戴森有很多技术创新，但仅就功能上的满足而言，戴森产品的功能替代性还是很强的。无扇叶的风扇和中空的吹风，以及没有吸尘袋的吸尘器，它们的功能带给用户的体验不外乎就是噪声更小、干发更快、吸尘更干净等。但是如果仅凭这些功能，用户溢价购买的动机并不充分。在这些功能之外，戴森产品外观设计的新奇感、美感，品牌带来的尊贵感、话题感，才是让更多客户愿意溢价购买的原因。

但是这跟本书要探讨的娱乐化思维有什么关系呢？

在娱乐化思维理念中，我们把戴森产品的功能性称之为实用性，而功能性之外的外观新奇感、美感，品牌的尊贵感、话题感等，我们称之为娱乐性。

为什么会有这样的划分呢？那是因为我们创造性地发现用户的需求其实有两种：一种是实用性需求，一种是娱乐性需求。实用性需求就是对功能性的追求，娱乐性需求就是对心理和精神层面的满足感和快乐体验的追求。我们认为，用户的娱乐性需求不仅真实存在，而且长期以来商家都忽视了用户越来越强烈的娱乐性需求。否则，我们就很难解释下面这个问题：电影为什么能够卖钱？

之所以提出这样的问题，是因为电影在很多人眼里是没有实用价值的东西，而人们购物消费通常都会买有一定实用价值的东西。所谓的实用价值就是商品具备特定的功能性，能够帮助消费者解决一些看得见的问题。比如买洗衣机是为了洗衣服，买杯子是为了装水。但是买一张电影票看电影却不能帮助消费者解决任何实际问题。不是吗？

可事实却是，电影不仅能够卖出价钱，而且可以卖成爆款产品。美国著名电影《泰坦尼克号》《阿凡达》，当年上映时风靡一时。中国在2017年上映的电影《战狼2》累计票房达到了破纪录的57亿元人民币。这是为什么呢？

原因在于电影虽然没有任何实用价值，但它是娱乐产品，它能提供一些感官体验和精神体验，让消费者产生满足感，这也是娱乐产品的价值所在。可是，如果用户对于娱乐性没有需求，娱乐产品对于用户还有价值吗？答案当然就是没有。

所以，从这个意义上来说，娱乐性是有价值的、值钱的。

如果这个推论成立，我们是不是就可以这么说，如果将我们的产品赋予娱乐性，它们也会因此值钱而卖成爆款呢？显然，逻辑上是有这个可能的。而且，从用户的角度来看，任何一个用户的消费行为本身都是在追求快乐体验、追求心理和精神层面的满足感。从这个意义上来说，任何一个行业的产品其实都需要提供快乐体验和心理满足，都可以借鉴娱乐业的方法。

事实上，这个观点不是我们突发奇想提出的。美国著名的商业演说家斯科特·麦克凯恩（Scott Mckain）早在《一切行业都是娱乐业》这本书中就预言了，未来所有的行业都将以提供快乐体验为己任，都将是娱乐业。

回看各行各业，哪个行业在激烈的市场竞争中不是在尽力向用户提供满足感和快乐体验呢？我担任首席娱乐官的广州正佳广场已经在商场里面开设海洋馆和热带雨林体验馆了；海底捞几乎把用户能想到的满足感都一次性给到了；外婆家新开的高端餐厅里都提供多媒体沉浸式体验了。原本不是娱乐业的行业，提供的快乐体验比娱乐业带来的还要多，这不就是现实版的所有行业都是娱乐业吗？

随着人们物质生活水平的提升，人们对娱乐性的消费需求越来越高也是一个必然现象。因为物质能带来的满足毕竟是有一定限度的，从追求物质的满足升级到追求心理和精神的满足、追求快乐体验，这本身就是人们对美好生活的追求。

明白了这个道理之后你会发现，未来的商业竞争其实就是如何通过赋予产品娱乐性以满足用户对美好生活的追求。

在所有行业都是娱乐业的情况下，在用户日益强烈的娱乐性需求的情况下，你的产品如何满足用户的这些需求，如何通过娱乐性来实现差异化，打造在市场竞争中的领先优势，就成为企业家和管理者急需思考的问题。苹果手机在问世之初之所以让人着迷，就是因为它比其他手机具有更多的娱乐性，而不是靠打电话的实用性。戴森也通过设计、功能、品牌等方面的娱乐化差异，让用户在愿意溢价购买的同时还能获得更强的满足感，打造了自己的竞争优势。

如何认识娱乐性需求和娱乐化思维，如何给你的产品注入娱乐性以实现差异化竞争，就是本书的出发点所在。我们把从娱乐业借鉴到的娱乐化思维的理念和方法，用于其他的商业领域，帮助企业在产品、营销、品牌等方面实现娱乐化，将产品卖出更高的价格、卖成爆款、卖成经典。

用娱乐化思维的理念和方法，所有的生意都值得重做一遍，这其中也包括你所在的行业。无论你从事的是餐饮业、旅游业，还是传统的服务业、制造业或者农业。用娱乐化思维创新能让你在所有传统行业里具备自己独特的娱乐性特质。

在这本书中，我们不仅会详细分析娱乐化思维的内涵，还会详解它在商业中的具体应用，并不时穿插一些用娱乐化思维进行创新的各行各业的案例。读完本书你会发现，所有行业都是娱乐业根本不是一个超前的预言，而是已经真实地发生了。用娱乐化思维重做一遍传统行业，也不是一个新观念，因为很多人已经在实践。

这本书中传递的理念和方法，可以帮助你在自己所在行业的商业实践中，尝试各种娱乐化的创新，以适应越来越激烈的商业竞争。

目　　录

前言

第一章　你的生意需要娱乐化 / 1

第一节　会娱乐的产品更好卖 / 1

第二节　有关人性的一个假设和两种需求 / 4

第三节　娱乐化思维下的用户需求满足公式 / 14

第四节　娱乐性需求已经成为一种刚性需求 / 20

第五节　组织管理中员工的娱乐性需求 / 23

第二章　用娱乐化思维快乐地干掉对手 / 27

第一节　重新认识娱乐和娱乐化思维 / 28

第二节　娱乐的八种特性 / 31

第三节　娱乐是人们对美好生活的追求 / 40

第四节　娱乐化思维下的产品价值公式 / 47

第五节　用娱乐化思维进行差异化竞争 / 50

第三章　娱乐化思维八步法 / 56

第一节　趣味化：有趣将是商业最重要的事 / 57

第二节　艺术化：用艺术的手法做商业 / 66

第三节　主题化：为你的事业定一个主题 / 73

第四节　情感化：为你的生意注入情感 / 78

　　　第五节　故事化：做生意就是讲故事 / 82

　　　第六节　流行化：制造流行或紧跟流行 / 88

　　　第七节　戏剧化：把你的活动营销当戏来做 / 92

　　　第八节　品牌化：品牌的四个现代化和一个未来化 / 99

第四章　娱乐化思维下的产品进化论：工具、玩具和道具 / 111

　　　第一节　产品为什么会进化 / 112

　　　第二节　工具的前世今生和未来：好工具的十大标准 / 117

　　　第三节　玩具的进化论：从工具到玩具的十大方法 / 122

　　　第四节　道具的进化论：从玩具到道具的六种方法 / 128

第五章　营销内容化，内容娱乐化 / 136

　　　第一节　我们为什么需要内容营销 / 137

　　　第二节　所有营销都是内容营销 / 146

　　　第三节　所有内容营销都是娱乐营销 / 148

　　　第四节　内容营销的运营转化 / 155

第六章　为你的企业培养一个首席娱乐官 / 159

　　　第一节　你的企业需要一个首席娱乐官 / 159

　　　第二节　首席娱乐官的养成条件 / 164

　　　第三节　首席娱乐官和娱乐化思维的边界 / 168

　　　第四节　首席娱乐官和娱乐化思维的未来 / 173

第一章

你的生意需要娱乐化

第一节　会娱乐的产品更好卖

让我们的生意娱乐起来

我们说会娱乐的产品更好卖,这不能仅仅是一个大的预测或口号,让我们先来认识一个靠会娱乐而大卖的美国红酒品牌吧。

中国喜欢喝红酒的人不少,但估计很少有人知道,美国现在流行的一个红酒品牌 BABE Wine。这个新晋的红酒品牌火爆到什么地步呢?它火到让世界著名的酿酒巨头百威英博对它刮起的这股红酒旋风也重视起来,并于 2019 年 7 月通过自己的风投公司 ZX Ventures 收购了 BABE Wine。

这个红酒到底有什么过人之处呢?是因为我们常常用来评价红酒的色香味等因素吗?完全不是。这个红酒的走红是因为它是一款会娱乐的红酒。

BABE Wine 的创始人是著名社交媒体 Instagram 上的红人 Josh Ostrovsky(乔什·奥斯特洛夫斯基)和推特上的红人 David Oliver Cohen(大卫·奥利弗·科恩)和 Tanner Cohen(坦纳·科恩)两兄弟。

Josh Ostrovsky 在 Instagram 上的粉丝超过 1000 万;这个出生于纽约的 80 后有着多重身份,从乐队成员,到网络上的段子手,再到真人秀演员。Josh Ostrovsky 个人风格独特,经常离经叛道,甚至有点低俗,但是这个反传统社会的形象却很受粉丝们的喜爱。2009年，Josh Ostrovsky 以 The Fat Jewish（胖胖的犹太佬）为账号亮相 Instagram，主要推文有搞笑视频、搞笑段子和各类吐槽。

创始人中的 David Oliver Cohen 和 Tanner Cohen 两兄弟，在2010年以虚构的女性身份 Babe Walker 为名，创建推特账号。Babe Walker 的身份设定为20多岁受过大学教育的上层社会女孩。Babe Walker 的内容主要以女孩刻薄的语气吐槽日常工作与生活，深受千禧一代和Z世代年轻人的喜爱。两兄弟在2012年出版的 *White Girl Problems* 三部曲也同样很受欢迎，并登上了纽约时报的畅销书单，这让两兄弟彻底成为网络红人外加畅销书作家。

看得出来，这三位创始人的最大特征就是以擅长吐槽恶搞而受美国年轻人的喜爱。这样的三个合伙人，他们创办的红酒品牌自然也是充满了娱乐性。

这是一个看颜值的时代，颜值即正义，所以 BABE Wine 与我们常见的瓶装红酒完全不同，它主打罐装红酒。为了区别于常见的可乐罐、啤酒罐，BABE Wine 的罐体细长，高度宽度比例更加时尚。罐体文案文字是 BABE 及产品口味特点。文案内容是让人印象深刻的标语，醒目且具戏剧性，因此更能引发年轻人的共鸣。类似于国内最会娱乐的一款白酒——江小白！

而在产品上，BABE Wine 也尽量保持娱乐化，每款产品都有自己的主题，都采取了一种很容易引起用户共鸣的营销方式。

除了外形和产品主题上的娱乐性，BABE Wine 还尽量突出了红酒的娱乐功能。设计成罐装除了造型有趣能够引起关注之外，也更方便携带与开启，使得这种酒的使用场景更多。除了能够满足个人小酌的需求，音乐节现场、高尔夫球场、海边派对、野餐或泳池派对等场合，都可以饮用这种罐装红酒。

想想也是，没有谁会带几瓶传统的瓶装红酒去这些派对场合。而且开红酒的工具、喝红酒的器具，都会成为制约因素。况且，很多公众场所，比如音乐节、游泳池、沙滩，是禁用玻璃瓶装的饮料的。BABE Wine 的罐装刚好满足了人们想在这些场合饮用红酒的需求，像啤酒和可乐一样，开罐即饮。

正是因为这种全方位的娱乐精神，2015 年刚刚创立的红酒品牌，竟然打得传统红酒不知所措，很快成为美国最畅销的红酒之一。连酒业大佬百威英博也被它吓到，继而在 2019 年直接收购了它。

这就是会娱乐的结果！

会娱乐是一种最好的商业价值

不是从事娱乐业的商业人士，可能很少会去思考关于自己的生意如何娱乐的问题。毕竟，娱乐听起来像是娱乐业的专利，似乎距离其他行业的人很遥远。事实上，正如美国人斯科特·麦克凯恩所言：一切行业都是娱乐业。因为所有行业最终提供的都是用户的快乐体验。如果用户不能从你的产品和服务体验中获得快乐，他们就不会为此买单，或者不会再次为你的产品买单。

可以这么说，会娱乐就是娱乐业和娱乐产品最大的价值。

在娱乐化思维的理念中，会娱乐就是一种最好的商业价值。

按照经济学的假设，人都是趋利的，而且追求利益最大化。但是在看电影这件事上，我们追求的是利益最大化吗？该如何衡量这个利益的最大化呢？

要知道，用户通常是因为一个东西对自身有用才会去购买的。如果按照这个角度来看的话，电影的价值到底是什么？

我在一些地方做分享的时候会有同学回答说：电影有用，电影的用途是给我们带来体验。这个回答不能说不对，但是只对了一半，因为体验只是看电影的过程。我们看电影不仅仅是为了体验，还为了通过体验能够获得快乐和内心的满足感。而这就是娱乐！

什么是娱乐？就是人们通过某种事物获得心理满足感、精神满足感以及快乐体验的过程和结果。

而这个定义也正是我们在娱乐化思维这个概念中对娱乐的定义。

现在知道为什么电影业、电视、音乐、游戏、动漫、短视频都是娱乐业了吧？就是因为它们能够给人带来快乐体验和心理满足感。

电影之所以能够卖钱，就是因为它们是娱乐产品，它们的价值就在于它们能够给用户提供娱乐体验，让用户从中观影体验中获得快乐和心理满足。

原来，会娱乐也是一种很好的商业价值！

既然如此，如果我们能够清晰地知道用户对娱乐的需求到底是什么，以及用什么样的方法才能打造出他们需要的那种娱乐体验。是不是也能应用于其他商业领域呢？这些，都将是本书下面的内容要重点解决的问题。

第二节　有关人性的一个假设和两种需求

在上一节的内容里，我们通过电影的例子提出这样一个问题：没有任何实用价值的电影为什么能卖钱？经过分析我们给出的答案是电影有娱乐性。

电影有娱乐性这是从产品供给的角度来说的。而用户这一方必须对娱乐有需求，才能够实现价值交换，从而达成商业交易，这才能叫生意。

而从生活经验上来说，多数用户对娱乐是有需求的。事实上，我们通过本章开头的那个会娱乐的红酒 BABE Wine 的例子也能看得出，就是因为它强调了自己的娱乐性，因此成为网红产品受到美国年轻消费者的欢迎。

但是，我们要证明这不是一个孤立、特殊的案例。我们要能够找出这个案例背后的用户需求特征，并把这个特征具象化。这样我们就能找到一套适用性更为广泛的产品方法论和营销方法论。只有这样，我们的研究才有价值。

马歇尔需求定律在娱乐业也会失灵

说到需求问题，就不得不提到经济学中著名的马歇尔需求定律。该需求定律把人们追求的"利"用价格和成本来度量，因为人的本性是趋利的，因此价格与需求量呈现出此消彼长的关系。

但是这个需求定律也有瑕疵，很多经济学家对马歇尔需求定律提出质疑，或指出其在某些商品上是失灵的。比如，吉芬商品和奢侈品。

吉芬商品是英国人吉芬发现的。他发现在1845年爱尔兰发生灾荒的时候，土豆的价格在上涨的同时，需求也上涨了，这明显不符合马歇尔需求定律。因此，有人就把这类价格上涨需求也上涨的商品称之为吉芬商品。事实上，这类商品有很多，比如2020年春节时期市场上的口罩和消毒水，都可以称之为吉芬商品。或者可以这么说，那些能够保命用的稀缺商品都是吉芬商品。

奢侈品大家都知道是什么。奢侈品的价格即便下降一点，需求量也不会增加，价格上涨反而会引起销量增加，因为大家担心它会涨得更多。中国的房地产也有这种现象，就是人们常说的买涨不买跌。

仔细研究后你会发现，其实马歇尔需求定律在面对娱乐行业的某些产品供需时，也会出现失灵的情况。部分娱乐产品的价格变动并不能够影响它的需求量变化，至少是不会明显影响需求量的变动。

就拿电影这种产品来说，一部烂片无论它的票价如何降低都不会引起需求量的增加，而对一部3D效果出众的电影，比如《阿凡达》，涨价也不会让它的需求量因此降低。

举一个更具体的例子。在2019年国庆期间，和《我和我的祖国》同期上映的有一部电影叫《江南》。前者的总票房超过37亿元，而后者的总票房是507万元左右。这样的两部电影在同一个时间点上映，你会发现即便《我和我的祖国》票价涨了，它的需求量也不见下降。而无论《江南》怎么降价，它的需求量都不会上升。

当然，认同马歇尔需求定律的经济学家对此肯定有一大堆合理的解释，但是理论最终会被用于指导实践。比如，我们常在市场竞争中见到的价格战就是运用了马歇尔需求定律。降价促销，能够带来销量的增加。但降价解决不了娱乐产品的促销问题，该如何解释这个现象呢？

这是因为用户看电影的考量重点不是价格，而是根据自己对电影的娱乐性的判断。当这部电影具有自己想要的娱乐性的时候，用户就愿意花钱去看。比如去看一部 IMAX 的大片，即便价格比普通电影略高，还是有很多人愿意为 IMAX 的效果买单。

深究马歇尔需求定律在娱乐行业部分失灵这一现象，你会发现其背后的原因有很多。但最根本的一条是，强调功能性、实用性的实物产品，和强调娱乐性的娱乐产品存在本质上的不同。

首先实物产品都有比较具体的实用功能，能够帮助人们解决具体的问题。用更少的金钱付出，获得同样的实际功能，帮助自己解决某些问题。这显然就是利益最大化。

因此经济学假设人都是理性的、趋利的、合乎情理的，由此推出的马歇尔需求定律在面对具有实际功能的实物产品时是能够解释实际交易状况的。

其次，具有特定功能的实物产品的替代性比较强。不同商家提供的同类产品，几乎都具备类似的功能。用户购买哪一个品牌的产品都可以解决自己的实际问题。面对同样功能的产品，用户选择哪一个为好呢？这个时候人的理性和趋利的假设就合情合理了。

在同样功能不同品牌的产品选择上，用户倾向于选择价格更低的。这也刚好符合以人都是理性的、趋利的为假设基础推出的马歇尔需求定律——价格降低，需求量增加，反之，价格升高需求量减少。

面对那些具备某种特定用途的实物产品，用户是理性和趋利的。但是，娱乐产品和实物产品是存在很多差异的。

首先，娱乐产品的功能是抽象的，甚至不同人感受到的作用和功能都不一样。也就是"一千个人心中有一千个哈姆雷特"。

这就是娱乐产品的特征，它完全不像实物产品的功能那样具体，就是为了解决某个问题而生，娱乐产品完全依赖于受众对这个产品的理解，会因为受众的理解不同而产生不同的作用。

其次，娱乐产品之间的替代性不像实物产品那样强。

我们拿洗衣粉这样的生活用品来举个例子，买奥妙洗衣粉还是立白洗衣粉，实际上都可以帮你洗干净衣服，不存在不可替代的问题。

但是娱乐产品则不同。你不能要求周杰伦的粉丝去喜欢李宇春。对于喜欢恐怖片的粉丝来说，一部喜剧片也不能代替他对恐怖片的喜爱。

所以，这个时候你会发现人是特别不理性的。你会好奇用户为什么非要喜欢周杰伦不可呢？同样都是电影，看哪个不都是一样的吗？

但对于娱乐产品的用户来说，这些真的是不一样的，这不是定价的问题。就算你告诉他这部电影的票价便宜一点，用户依然会说，对不起，我不喜欢！其实对于很多奢侈品，以及忠诚度特别高的品牌商品，用户也有类似的需求特点。

喜欢、兴趣，这些特别强烈的感性才是我们面对娱乐产品时的反应。如果说理性这时候还发挥作用的话，可能是用户想以最少的价格付出，让自己感受到最大的快乐。但在娱乐产品的消费上，用户需求的最大特点还是非理性，很多人甚至愿意以更高的价格付出去追求自己所需要的满足感。为了见自己的偶像明星，一些粉丝愿意坐飞机跟在偶像后面追，你能说这是理性消费吗？

用户面对娱乐产品所体现出来的感性及忠诚度，实在让很多从事传统行业的人羡慕。试想，如果我们所做的产品能够激发用户的感性，赢得他们这样的忠诚，会不会是一种特别理想的状态？

其实这个境界离我们并不遥远，只要我们知道用户的需求到底是什么，按照他们的需求提供他们认为值得购买的产品，非娱乐产品同样也可以做到。而事实证明，已经有人做到了。比如可口可乐就拥有自己的许多粉丝，就算有其他可乐或饮料可以选择，他们仍旧愿意选择可口可乐。宝马汽车也做到了，尽管也有很多其他品牌可以选择，但就是有人对宝马情有独钟。另外让马歇尔需求定律失灵的奢侈品也做到了，涨价反而能刺激购买。如果其他产品因为具备了某些娱乐的特性也能做到让用户不再过度在意价格，那对商家而言无疑是最理想的结果。

这件事的难点在于我们必须先真正了解用户的需求到底是什么。这就是娱乐化思维要研究的问题，也是娱乐化思维的价值所在！

经济学的基本假设是理性的人都是趋利避害的，所以在这个基础上推出了马歇尔需求定律。该需求定律认为价格下降对用户就是有利的，趋利的用户就会选择增加消费；而价格上升对用户就是不利的，所以用户选择减少消费，这就是避害。

既然马歇尔需求定律解释不了娱乐产品的需求问题，那一定是它的假设方面出了问题。我们不妨换一个角度来看问题是否能够得到解决。

趋利和趋乐：实用性需求和娱乐性需求

马歇尔需求定律之所以会在娱乐产品和奢侈品上失灵，在娱乐化思维看来是因为它没有把人的需求进行区分。只是假设人是理性的、趋利的，在这个基础上推出人都是追求利益最大化的。而且这个利益最大化直接跟价格和成本挂钩，最终呈现为一种价格与需求量的关系。

但是在弗洛伊德有关人性的三原则中，提到了除了趋利避害这一原则之外，人性还有一个趋乐避苦的原则。而且，趋利和趋乐也不是一个互斥的关系，而是长期共同存在的。不是说人们这一刻趋利，在另外一刻趋乐。而是要看具体的场景，如果趋乐能够给我们带来更多更强的满足感，我们可能会更趋乐；如果趋利能够给我们带来更多更强的满足感，我们则可能会更趋利。

人性趋利避害的假设是不容推翻的，但是在人性趋利的基础上，充分考虑人性趋乐的特性，对于我们研究实际的商业问题更有现实意义。

既然人性有趋利和趋乐这两种特点，那在这个基础上就会产生两种不同的需求。将这两种需求分开讨论，我们认为会更有助于对现实问题的分析与解决。就像我们在上文中讨论的娱乐产品的问题，如果仅仅用趋利的需求去解释就很难解释得通，但是如果说这是出于人性趋乐的需求，就显得比较顺理成章。

同样，对于奢侈品的解读也一样，如果仅仅用趋利的需求是无法解释人为什么要攒钱买奢侈品的。这些现象都启发我们，其实有一种需求是被我们长期忽视，或者即便意识到它们的存在，但没有对其单独研究的。这个就是娱乐化思维的任务！

趋利避害和趋乐避苦其实就是人性的欲望。在经济学的概念中，需求是由欲望引发的。人先有欲望，在有支付能力的时候，欲望就会转化为需求。

用通俗的话解释就是，没钱的时候你想买什么，那叫欲望，等你有钱的时候，那就是需求。但是对于商业社会来说，欲望是非常重要的。一个人对你的东西没欲望，那就不可能产生需求。用户没有需求就不会购买，这可是商家最怕的事。

趋利避害是人的一种欲望，这种欲望在用户行为学里被认为是功利型的需求动机。在具备购买能力之后，这个动机就会转为一种需求，这种需求在娱乐化思维中被称之为实用性需求。实用性需求是指用户对产品的物质属性以及具体使用功能的需求。

比如我们买一个杯子，会考虑这个杯子是玻璃的还是不锈钢的，能装300毫升的水还是500毫升的水，这个就是追求它的实用性，是我们对产品有实用性需求。

趋乐避苦也是人的一种欲望，而且是娱乐化思维的最核心的假设。这种欲望在用户行为学中被认为是享乐型的需求动机。同样，在人具有购买能力之后，这个动机也会转化为一种需求，在娱乐化思维中这个需求叫娱乐性需求。

娱乐性需求其实就是指用户对产品的物质属性和具体功能以外的精神和心理层面的需求。

比如，同样是买杯子。如果我们更在意它的造型的美感、艺术性，在意它出自哪位设计师的手笔，它的品牌背后有什么故事，使用它会不会让人觉得你有品位等。这个就是我们的娱乐性需求。

从人性趋利和人性趋乐我们能够推出人有两种需求，这就是娱乐化思维的一个核心理论基础。

请务必记住，人们有且只有两种需求：实用性需求和娱乐性需求。

所有有关需求的问题都可以分门别类归于实用性需求和娱乐性需求的概念范畴中来研究,这种划分会有助于大家理解很多原来非常不容易理解的商业现象。

这就是需求二分法,也是娱乐化思维的核心内容。

可怕:用户有两种需求你却只满足了其中一种

现在我们可以讨论一下,人性趋乐避苦的假设为什么对商业有重要的意义。因为它帮助我们推导出人的需求分两种:实用性需求和娱乐性需求。

因为用户有娱乐性需求,所以你在做产品、做营销、做品牌时,都要关注是否能为用户带来快乐。

有了实用性需求和娱乐性需求的划分,在产品开发时商家就更应考虑自己产品的卖点,是主要满足了用户的实用性需求还是娱乐性需求。如果主要是满足用户的实用性需求,那就需要考虑是否应该增加一些娱乐性,以此来满足用户的娱乐性需求,从而与其他竞品形成差异化。

实用性需求更偏重于对于产品物理属性的需求,比如关注产品的材质是什么,以及产品功能方面的需求,比如对于洗衣机洗衣服是否干净的需求。

此外,实用性需求与娱乐性需求相比,它的稳定性较高。比如,我们对于一把菜刀的实用性需求,不会特别频繁地发生变化。一直比较稳定的需求都是这把刀要锋利、不要轻易生锈、不要太笨重、用起来要顺手等。

娱乐性需求则明显与实用性需求不同。

娱乐性需求主要是满足用户的心理需求和精神需求,它非常感性。心理需求是指用户希望通过产品获得心理满足。这种心理满足主要是通过感知系统感受到产品带给自己的各种认识和反应的一个过程。比如,这个产品是不是很美、很有趣,是不是让人感受到爱和尊重等。

娱乐性需求还追求精神需求。精神需求不同于心理需求。心理需求主要是通过人的感官系统对外界刺激的一些反应,而精神需求则是指观念和思想上成果,能够给用户带来观念和思想上启发与触动,甚至帮助用户形成新的观念和思想的产品,更容易获得用户的认同。

简单来说，就是具有价值观、有思想、有意义、有灵魂的产品更容易获得用户的接受与认同。通常只有真正的娱乐作品才能够满足人的这种精神需求。比如很多人认为乔布斯主导设计的苹果手机是有价值取向的，是有灵魂的产品，因此它能够更容易赢得用户的信任。

除此之外，娱乐性需求相比实用性需求会更容易发生变化。这个变化随着人的年龄、阅历、收入、所处环境的变化而变化，也会随着社会的发展、审美和流行趋势的变化而变化。

各位现在就可以想一想，自己有没有考虑过用户的娱乐性需求，如果没有考虑过，那就意味着你之前的产品和打法只满足了用户的实用性需求。

用户有两种需求你却只满足了其中一种，这不是很可怕的事吗？现在你知道为什么你的生意很难做，营销很难做的原因了吗？知道用户为什么很挑剔，对你的产品不满意的原因了吗？知道自己的产品为什么不能像电影和明星一样有粉丝的原因了吗？

统统都是因为你根本没有关注用户的娱乐性需求，更不要说去满足他们的娱乐性需求了！

一切都还不晚，从看完这本书的时候开始改变。马上开始思考你的产品该如何满足用户的娱乐性需求，如何通过娱乐性的差异与其他同类产品形成竞争优势。接下来，让我们继续学习更多关于娱乐化思维的理念和方法。

人性趋乐和娱乐性需求定律

明确了人在实用性需求之外是有娱乐性需求的，这一点非常重要。在人有娱乐性需求的基础上，我们就可以找到一个新的需求定律，用于解释人的娱乐性需求具有什么样的特征，就可以解释面对娱乐特征的产品以及奢侈品时马歇尔需求定律为什么会失灵。

为了严谨起见，我们还是把这个娱乐性需求定律再推导一次。

趋利和趋乐是弗洛伊德总结出的人性原则。既然人性除了趋利就是趋乐，这在一定程度上已经说明，趋乐是一种稳定的人性需求，它不会轻易发生根本性的转变。

依据人性趋乐避苦的假设,我们就可以推出一个新的适合娱乐产品或者娱乐性需求的需求定律:

当娱乐性上升时,需求量就会随之上升;当娱乐性下降时,需求量就会随之下降。

这个需求定律就可以解释,为什么有些电视节目的大结局收视率比较高,或者某一段中间的高潮戏收视率比较高。那是因为它的娱乐性上升的原因。

随着后文的深入讲解,大家会发现奢侈品在娱乐化思维的概念中是属于具有高娱乐性的商品,所以原来的需求定律才会在它身上失灵。

用这个需求定律就可以解释,为什么同样是电影,有的非常卖座,有的却无人问津了。

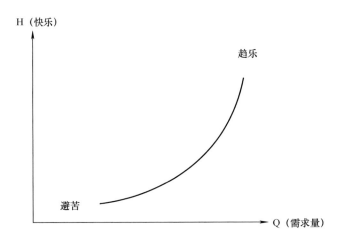

当然,这个需求定律对其他行业的启示就是:会娱乐的产品更好卖,会娱乐的生意更赚钱。

但是,我们也必须承认娱乐性需求定律有自己的边界。比如对于那些生活必需品,娱乐性需求定律是不成立的,如之前所说的吉芬商品同样不适用这个需求定律。如果用马斯洛需求层次理论来解释,就是马斯洛需求层次中的生存需求和安全需求不适用娱乐性需求定律。

简单来说,就是当一个人的温饱问题没解决的时候,他对于商品的娱乐性需求就会很低。但在解决了温饱问题之后,就会开始追求品质生活。俗话说就是"饱暖思淫欲",这个就是娱乐性需求定律的一个最通俗的现实写照。

另外需要提醒的是,娱乐性需求定律并不是为了推翻马歇尔需求定律,顶多只是对马歇尔需求定律的一个补充。或者说是为我们在现实商业领域内的创新问题、营销问题的研究,提供一个新的方法和工具。

人性趋乐避苦的假设,与经济学上人是理性的、趋利避害的、追求利益最大化的特点完全不冲突。我们是在承认人有趋利性一面的基础上,引入人有趋乐性的假设。因此,它们之间既有区别又有密切的联系。

首先,我们认为趋利避害和趋乐避苦其实是人性不可分割的两面。每个人都有趋利的一面,也都有趋乐的一面。我们从来没见过一个人是仅仅追求利益而不追求快乐的。

其次,趋利和趋乐在本质上一样的,都是趋乐,都是追求快乐。因为追求利益本身就是追求快乐,追求满足感。如果趋利这件事让你感到不快乐不满足,你还有动力去趋利吗?显然不会!

此外,你也可以把趋利和趋乐视为是人在不同人生阶段的追求。人在年轻的时候往往更愿意追求财富,这是趋利。但是随着财富的积累,或者随着人生阅历的丰富及价值观的改变,会转而开始追求精神层面的快乐。

在消费上也是如此。没钱的时候倾向于购买性价比高的东西,这个可以理解为趋利、追求利益最大化。但是随着收入的增加,人会倾向于自由选择更符合自己身份和品位的东西,这样才会更有满足感,才会更快乐。这个阶段的消费就可以理解为趋乐型消费。

但是,无论具体某个人是更趋利还是更趋乐,都无法改变人最终都是趋乐的这一事实。

我们为什么要特别强调人性趋乐避苦的假设,把它视为娱乐化思维的基石呢?当然不仅仅是为了给我们的理论找一个背书。而是因为它对于我们的商业实践有着特别重要的意义。在下面的内容里,我们会逐步深入剖析它对于商业的重要意义。

第三节　娱乐化思维下的用户需求满足公式

在上文中我们讲述了娱乐化思维的理论基石假设是人性趋乐避苦。人性趋利最终也是趋乐，追求快乐是人的终极欲望。

在此基础上，我们做了一个需求二分法，将人的需求分为两种：实用性需求和娱乐性需求。

为了让这一个假设和两个需求更具备商业社会中的现实指导意义，我们在此基础上给出一个用户需求满足公式。虽然它不能像数学公式一样精确推导和计算，但是对于我们认识用户娱乐性需求的重要性，以及指导我们的产品研发、营销推广和品牌建设等，具有非常重要的意义。

娱乐化思维下的用户需求满足公式

娱乐化思维下的用户需求满足公式是：

$$用户需求满足 = 实用性需求满足 \times 娱乐性需求满足$$

（实用性需求满足：$0 \sim 100$；娱乐性需求满足：$-100 \sim 100$）

这个公式的重要性在于，它是用来提醒所有的创始人、产品开发者、营销高管，一定要注意你的产品不能只满足用户的实用性需求。不要只关注技术与功能。如果你的产品不能满足用户的娱乐性需求，它在市场上的竞争力就不会太大。

另外这个公式中还有几个要点需要提醒大家特别关注。

第一，为什么实用性需求满足和娱乐性需求满足中间是相乘的关系而不是相加的关系？

第二，为什么在取值范围上，娱乐性需求满足的取值范围是有负值的，而实用性需求满足只有正值？

我们先回答第一个问题：为什么是乘的关系？

我们都知道，在数学上乘是倍数的关系。这个公式中使用乘的关系，而不是简单相加的关系，就是想提醒大家：在实用性需求相对稳定不变的情况下，用户的娱乐性需求如果很好地得到了满足，那用户的整个需求满足就会倍增。

我们可以举一个例子来说明这个问题。比如LV的包包和一个普通的包包在实用性方面没有特别多不同。也就是在用户需求满足公式中，LV的包包带给用户的实用性需求满足，和普通的包包所能带来的实用性需求满足，几乎是一样的。说不定普通的包包的实用性还更高，可能更防水，更不怕雨淋，更耐用。

但是，在娱乐性需求的满足上，比如在审美、品牌情感、品牌带来的尊严感等方面，LV的包包所能提供的娱乐性需求满足显然会更高。于是用户的整体需求满足度就更高。而且这个用户需求满足度，会因为娱乐性需求得到很好的满足而整体倍增，用户也因此更愿意花钱购买。

我们再回答第二个问题：为什么娱乐性需求满足的取值范围是有负值的，而实用性需求满足只有正值？

我们先说为什么实用性需求满足只有正值的问题，这个问题很容易解答，因为一个能够面世的产品，通常只有很有用、有用和用处很小几种情况。实用性需求的满足不会为负值，因为即便它没什么用，顶多就是弃之不用，也几乎不会给用户带来负面的满足。

问题的重点在于，为什么娱乐性需求的满足值可以为负数？

我们知道娱乐性需求的满足主要是心理需求的满足和精神需求的满足。而我们也知道人是有负面心理、负面精神的。比如我们对美的感受，有很美、一般和丑，丑就是一种负面的心理满足。在情感上，我们也会感受到很爱、平淡，还有讨厌，而讨厌也是一种负面心理满足。

类似的例子还有很多，比如很多产品会请明星代言。粉丝会出于对偶像的热爱而爱屋及乌，因此在情感上认同偶像代言的产品。但是也有一种常见的情况，这个明星因为爆出丑闻而成为令人唾弃的对象。于是，很多人会因此对这个明星代言的产品也开始讨厌，并加以抵制。这个时候的娱乐性需求满足就是负值。

当你的产品带给用户的娱乐性需求满足是负值的时候，无论你的产品所提供的实用性需求满足指数怎样高，对于有些用户来说它的整个需求满足都是负值。

用户需求满足公式的现实意义

用户需求满足公式，是娱乐化思维中非常重要的一个知识点。它实用性需求和娱乐性需求，都集合到了这个公式中。

首先，它让我们意识到，用户的娱乐性需求是一个非常重要的需求。它不仅是用户需求的重要组成部分，而且随着社会经济的发展、人们生活水平的提升，娱乐性需求将成为用户需求中最重要的部分。

在未来的商业社会中，你的产品如果仅仅具有实用性的功能，不具备娱乐性，不能满足用户的娱乐性需求，就很难赢得用户的青睐。

仔细想一下，现在还有什么产品是不讲究设计感、不讲求品牌情感和品牌价值、不讲求营销的内容化和娱乐化的，而这些做法都是瞄准了用户的娱乐性需求。只是在之前大家没有意识到这些就是用户的娱乐性需求。单纯把这些理解为设计，理解为品牌，理解为营销方式，而不知道底层的逻辑是什么。

其次，这个公式有助于我们对自己的产品做娱乐性和实用性的自检。

很多人之前从来没有思考过，自己的产品到底是娱乐性的产品还是实用性的产品，或者说是偏重于娱乐性的产品，还是偏重于实用性的产品。

思考这个问题的意义在于，如果你发现自己的产品是偏重于实用性的，那就可以考虑在产品、品牌、营销的娱乐性上做文章。如果你发现自己的产品本身就是偏重于娱乐性的，那就要进一步挖掘它的娱乐性，更好地满足用户的娱乐性需求。

我曾经做过电影、电视剧和演出，这些都是纯娱乐性的产品，也是我认为最难营销的产品。它的难点在于，这些产品根本没有什么实用性，仅有娱乐性。如果这些产品本身的娱乐性又不强，无法为营销提供很好的娱乐性支撑，那这个营销就将非常难做。

做娱乐产品的营销不像做其他产品。比如你卖一款手机，因为手机有最基本的实用功能，可以打电话、发信息等。所以，最差的营销方式就是降价促销、清仓大甩卖，总是可以卖掉的。但是像电影、电视剧这种娱乐产品的营销就很麻烦。因为娱乐性需求的满足可能是负面的，有的人看了不仅不会满足，甚至还会恶语相向。所以无论你怎么降价，都不可能卖得好。

再次，清楚用户的需求分类就能明确自己的产品研发方向和营销方向，从而赋予自己的产品娱乐性的差异化，并由此获得竞争优势。

娱乐化思维认为，在未来的商业竞争中，技术竞争仍旧存在。但想凭借技术长久获得竞争优势将是一件很难的事。通常只有技术研发经费投资巨大的大公司，才会具有技术方面的竞争优势。其他中小企业，想要在竞争中取得优势，只有通过自身产品的差异化来实现。

如何实现差异化呢？只有两种方法：要么变得更好，要么变得不同。

比如大众汽车有一款甲壳虫汽车，这款车曾经在美国市场非常畅销。这款车相比大众的其他轿车以及美国其他品牌的轿车，是因为它的性能更好吗？显然不是，而是因为它完全不同于其他汽车的外观设计，这款车看起来个性十足，就像一只甲壳虫。

要想变得更好，要靠技术领先优势，技术提升会让你的产品变得更好。但是只要你的技术领先，有人就可能抄袭你、模仿你，大企业可能会收购你。所以想靠技术领先形成竞争优势，这将是一件非常困难的事。

那我们只能试试怎样能够做出不同的产品。什么能够让我们的产品变得不同呢？就是要运用娱乐化思维，给产品赋予娱乐性。因为娱乐性能够带给人的体验是丰富多样的，可以制造出多种不同的差异化。

当然，这么说不是要否定技术的重要性，我们想实现的是在同样的技术条件下通过娱乐性创新实现产品差异化。

技术领先带来的差异是具体、单点的，你很难做到在某一个产品上实现全方位的技术领先。但是娱乐性带来的差异范围却可以是更大层面的。比如你的产品外形可以有娱乐性、功能可以有娱乐性，甚至包装都可以有一定的娱乐性。另外，你的品牌可以有娱乐性，营销活动可以有娱乐性，广告也可以有娱乐性，甚至你的企业文化的娱乐性也可以成为竞争优势。

也就是说，当你的产品无法通过技术领先获得竞争优势的时候，打造娱乐性差异将是一个非常好的选择。只要你明白什么是娱乐性，哪些方面可以实现娱乐性，你就可以有无数种方法在娱乐性上实现差异化竞争。

警惕用户的实用性需求陷阱

为了强化大家对于娱乐性需求的认识，这里有必要强调关于实用性需求陷阱的问题。

以买汽车为例，我们来看看实用性需求是否重要。有过买车经验的人都知道，买车前通常都要先比较几个自己看中的品牌和车型。最后你会发现，如果你的买车预算为 20 万元，最后最少都要花 25 万元。如果你最开始是想买一辆大众帕萨特，最后可能买了奥迪 A4。请问在这个选择过程中，是实用性需求在起作用吗？

你可能的确是因为需要有一辆车代步而产生购买意愿，也就是说你是出于实用性需求而购买，但是最后影响你做出购买决策的，却是品牌带给你的娱乐性满足。为此，你不惜多花钱。

用户出于实用性需求去购买，但却根据娱乐性做购买决策，这就是实用性需求陷阱。我们需要警惕掉入用户的实用性需求陷阱。

用户的实用性需求陷阱会直接反馈到产品开发中。企业在做产品开发时，往往都拼了命把技术和精力用于解决实际的功能问题，自以为把功能做到最好，用户就会因此买单。但是，回顾本书开头提到的红酒案例。色香味都不是最好，但是销量却很好，这就是因为其中的商业逻辑在起作用！

当然，我们不是鼓励企业不要重视产品的功能和实用性，而是想告诉大家，在新的市场环境中，在用户需求偏好已经发生变化的市场上，企业要警惕实用性需求陷阱。

娱乐性才是用户决定购买的关键因素

我们说实用性需求可能是个陷阱，是因为用户需求存在一种一切都是为了实用性的假象。这个假象由来已久，尤其对于 70 后、80 后的用户，强调实用性似乎成了购物的一种习惯。这种习惯多半与那时用户从小的物质生活条件不是很好有关。

比如，我小的时候对于向父母要钱买东西的印象极深，每次都充满了恐惧感。因为他们会反复问你买这个东西有什么用。哪怕是像买铅笔、橡皮、本子这种学习必备的东西，他们都会问具体的用途是什么。而当自己有了孩子之后，当孩子向我要钱买东西的时候，我的本能反应也是问他们买这些有什么用。

强调实用性还有另外一些原因，那就是因为以前的社会生产力比较低，所采购的东西一定都是能够帮助解决具体问题的，其功能性是放在第一位的。

但是现在的情况则完全不同了，大多数 00 后以及 10 后的新生代用户，他们的脑海里根本没有什么实用的购物概念。他们生活在一个泛娱乐的社会里，一出生就是"电子保姆"陪伴长大的，哭闹的时候父母会借助 iPad、手机等电子设备来安抚他们。刚学会走路就懂得玩手机游戏，对他们来说，好玩、有趣就是最大的用处。

即便对于那些脑子里仍旧强调有用性的用户而言，他们也只是随口问问这个东西有什么用，在实际的购买决策中，最终还是娱乐性影响了他们，促使他们做出了购买的选择。

我们可以通过一个特别平淡的例子，来看看娱乐性在购买决策中是怎么发挥作用的。我们经常会去超市购物，假设今天我们会买一只白色的陶瓷水杯。在一排白色的陶瓷杯中，我们最终挑选了其中一只而放弃了另外那些。是因为实用性的差异吗？显然不是。原因可能是因为我们在反复比较之后发现，我们自己买的这一只颜色更白，形状更圆，外观雅致。你看，这些都是美感上的原因，属于产品的娱乐性需求。正是因为这些娱乐性带给我们的满足感更强，所以我们选择了自己手中的这个杯子。

事实上，越是对于价值高的商品，我们会越注重它们的娱乐性。比如购买汽车这样的产品，管它什么实用性，还是买个豪华品牌吧。因为车对于很多用户来说，是开给别人看的。越是贵重的东西，我们会越在意它的品牌、在意它的设计之美等。而在娱乐化思维的概念中，品牌、美等也属于娱乐性。

可以这么说，用户是出于实用性需求产生购买行为，但会根据娱乐性需求做出最终的购买决策。因此，产品的娱乐性才是用户最后买或不买的重要决定性因素。

请大家记住这句话：

用户因实用性起购买意愿，但根据娱乐性做购买决策。

第四节 娱乐性需求已经成为一种刚性需求

娱乐性需求是一种刚性需求

有关刚性需求大家应该经常在与房地产相关的新闻中听到，房地产商开发的某楼盘是刚需房，针对的是有刚需的人士。所谓刚性需求，就是指受价格影响比较小，无论价格涨不涨都要买的东西。

房地产市场上所说的刚需房，很多时候是忽悠用户买房的套路。他们就是想告诉你，虽然价格涨了，但是你有刚需，无论价格涨不涨都要买，所以不要再观望了。

而用户对于娱乐性的需求已经成为一种刚性需求，完全不同于房地产商所说的刚需。我们这里所说的刚需，是指随着人们消费水平的提升，人们消费时越来越注重自己的享乐性需求或娱乐性需求的满足，更看重自己的消费过程和消费之后的满足感、快乐感。如果这个消费过程和消费后的体验都是不愉快的，用户一定不会再继续消费，而且肯定会把这样的不愉快分享给更多人。

娱乐性需求的刚性首先体现它的普遍性。不是说仅仅某个用户或者少数用户才有娱乐性需求，而是说几乎所有的用户都有娱乐性的需求。

人的娱乐性需求最终体现为追求满足感和追求快乐上。人性追求快乐的问题，一直是古圣先哲在思考的人生课题。除了弗洛伊德的快乐原则认为快乐是人的行为动机之外，柏拉图对此也有自己的解读，他追求的是至真至善的快乐。快乐不快乐其实不仅是个心理学的命题，它更是哲学和社会学命题。

我们每个人都在穷一生之力追求幸福或快乐。这种普遍性即便没有古圣先贤们的观点做基础，我们也都能够从自己的真实生活中感知到。

我们说娱乐性需求已经成为用户的一种刚性需求，还有另外一层意思是说，娱乐性需求其实有刚性的，这个刚性跟价格刚性、工资刚性类似——涨上去容易降下来难。人的娱乐性需求也有类似的特点。一旦你的享乐性、娱乐性需求涨上去了，想降下来就难了。正所谓"由俭入奢易，由奢入俭难"。

用户一旦享受过，从这种消费中获得过满足感和快乐，就会很难接受那些没有娱乐性的产品和服务。放到商业市场来解读就是，如果别人的产品和服务能够为用户带来满足感，而你的产品和服务却无法给用户带来这种娱乐性需求的满足，带来他们愿意主动分享出去的快乐，他们便不会为你的产品买单。

娱乐性需求正在成为主流的消费需求

今天，随着电子商务、跨境电商等新型商业模式的兴起，几乎世界上任何一个国家的商品你都可以通过互联网购买得到。互联网上各种新兴的网红热点层出不穷，很多传统的营商模式被互联网带动的新型商业模式击得粉碎。很多做了一辈子生意的人忽然发现自己不会做生意了。这个时候，商家如果仍旧闭门造车仅仅关注自己的产品和服务，不去了解用户的需求到底是什么，一定很难在竞争激烈的市场上获得竞争优势。

因为物质产品的极大丰富，随之而来的是用户物质生活水平的极大提升。这个时候的主流消费，已经由当初的实用性需求转为娱乐性需求。用户追求的是消费带来的心理和精神层面的满足感、快感。

正所谓"衣食足而知荣辱，仓廪实而知礼节"，经济上富裕起来的中国用户如今开始注重娱乐性消费了。这个阶段的商业竞争，如果还仅仅靠低价促销一招鲜，已经很难打动用户了！

2020年的疫情虽然给中国经济带来了短暂困难，但疫情期间发生的很多事情也在提醒我们，无论是在经济景气或是不景气的阶段，用户的娱乐性需求都已逐步成为主流的需求。

大家都知道2020年春节期间爆红的云蹦迪吧。其实早在2018年前后，云蹦迪的概念就已经出现了。但是因为没有疫情的发生，大家仍旧可以享受去迪厅蹦迪的感觉，因此云蹦迪并没有呈现爆发式增长。但是，一场疫情改变了人们的娱乐消费习惯，让云蹦迪一夜之间火爆。这背后的启示就是，无论发生什么，人们对娱乐的需求永无止境！

而这些对于我们的最大启示就是，在当下及未来的新经济时代，谁能抓住用户的娱乐性需求，谁能满足用户的娱乐性需求，谁就将会是商战中的赢家。

不懂娱乐化思维的企业将成为传统企业

所有商业的逻辑都可以归结为，为自己的产品寻找用户认同，寻求用户购买。所以，任何不以用户需求满足为终点的商业思维都是空中楼阁。娱乐化思维也是一样，必须要从用户需求的满足来谈起。

通过前文的讲解我们已经知道了，用户的需求有两种，一种是实用性需求，一种是娱乐性需求。既然用户有娱乐性需求，企业就应该用娱乐化思维的方法去满足他们。如果用户得不到娱乐性需求的满足，你的产品就有可能不被接受、不被购买。

举个生活中常见的例子：

女性买包包大多喜欢买名牌。甚至有的女性家里的衣帽间里摆满了包包。如果从实用性上来说，包包的功能不过就是放置女性的化妆品、手机、首饰、纸巾之类的东西，在电子支付如此发达的今天，甚至现在连钱包几乎都没有放钱的机会了。但是女性还是乐意花几千元、几万元，甚至几十万元去买一个包包。当然，也许你会说那些都是男人花钱买的。但结果是一样的，都是因为女人很喜欢、很开心、很满足。背后的原因就是这些包包能够满足女性的娱乐性需求，而不是实用性需求。

男人的例子是买汽车。如果从实用性上来说，几万元的国产汽车也足够代步了，但是很多男人总想买几十万元、几百万元、上千万元的车，这背后同样是娱乐性需求的满足。男人换车很多时候不是因为自己的车不够用，而是因为同学、同事、邻居或生意上的伙伴中有人又换了新车，他们觉得自己有必要跟同学、同事、邻居或朋友看齐，否则自己在社会上的身份和地位会受到影响。

表面上看,这是一种社交性的需求,实际上则是马斯洛需求理论中对尊重和自我实现的需求。因为借助这个物化的豪华汽车,他可以证明自身的价值,获得外界的尊重。用户通过商品证明自身价值、获得尊重的最终目的,是这种娱乐性需求满足之后带来的满足感、愉悦感和快感。

娱乐化思维就是在认清用户这些娱乐性需求的基础上,通过娱乐化的方法,为自己的商品和服务赋予娱乐性,满足用户的娱乐性需求。

娱乐化思维认为,大多数中小企业以后面对的竞争都应该是娱乐性的竞争——如何通过自己产品的娱乐性满足用户千差万别的娱乐性需求,将是未来企业首先要考虑的问题。

为了解决这个问题,企业今后需要的不仅是首席执行官、首席营销官,更需要一个首席娱乐官(Chief Entertainment Officer)。同样是CEO,但是他的主要职责是检查企业在产品、服务、文化、营销等各方面的娱乐性,赋予这些产品、服务、文化、营销全面的娱乐性;有针对性地根据用户的需求偏好,以及自家的产品特点等,给出最适合企业发展的娱乐化解决方案。

未来什么是传统企业?

不具备娱乐化思维意识,缺少具有娱乐化思维的人才,不能通过娱乐化实现差异化竞争的企业,才是真正意义上的传统企业。

和传统行业相区别的,是那些主动学习娱乐化思维、运用娱乐化思维,按娱乐业来运作,以娱乐业的标准来打造自己的产品、服务和文化的企业。未来,所有的行业都应该是娱乐业。而且,这个未来并不遥远,因为未来已来!

第五节 组织管理中员工的娱乐性需求

实际上,娱乐化思维不仅可以运用在产品打造和营销环节,在管理上也有一些娱乐化思维的方法可以借鉴及运用。

管理问题其实也是一个需求,员工不好管理,也可以被视为一个需求未被满足的问题。因此企业管理中的很多问题，也可以用娱乐化思维从需求的角度加以解读。

此外，娱乐业的管理模式也有值得其他企业管理和项目管理借鉴的地方。比如，影视行业中常见的剧组式管理，就是一种非常高效协同的管理方式。著名管理大师彼得·德鲁克曾经说过，"未来企业或组织的团队结构会越来越像交响乐团的模式。"为此，德国人里查德·德霍普（Richard de Hoop）还专门写过一本书叫《顶尖团队：交响乐团式合作模式》。

但是，我认为娱乐业内最好的管理模式是剧组式管理，而非交响乐团式管理。剧组是一个看似松散的组织，几乎全部由一群临时工组成。导演、编剧、演员、摄影、美术、服装、道具等，几乎都是临时工。但就是这样一群临时工，却能够在规定时间内完成项目。无论是多大牌的演员，基本上也都会服从管理，按照角色的设定去说话、去做事。

我们常说90后的员工难管，相信很快00后的员工更难管；总说员工的想法和组织的想法不一致；总说组织的部门之间有壁垒，跨部门很难沟通协调。但是想想剧组的管理，你的员工有大牌明星难管吗？你的项目比拍电影还复杂吗？你的跨部门协同难道比剧组这个草台班子还困难吗？

剧组之所以高效，是因为剧组有一套自己的管人和管事的方法，有一套价值共创和共享的机制，这些也是剧组高效协同的秘密所在。

管理的很多问题也是需求问题

娱乐化思维的核心观点是人有娱乐性需求，而这个需求被商家长期忽视，所以会产生很多营销效果不好、产品不受市场欢迎等问题。这个娱乐性需求除了体现在买卖关系的商品交换中之外，还会体现在其他很多情景中。管理中的很多问题，也是需求问题，最主要是娱乐性需求的满足问题。

在正式进入这个话题之前，我们先问一个问题：人为什么工作？

最直接的答案应该就是：人对工作有需求！

人对工作到底有哪些需求呢？这又是一个随之而来的问题。

用娱乐化思维的观点看，人对于工作同样有两种需求，一个是实用性需求，一个是娱乐性需求。

人对工作的实用性需求是什么？挣钱！

这就是人对工作的物质需求，也是人趋利的需求。同时，也是为了满足自己最基本的生存需求和安全需求。没钱，在社会上就无法生存。

下面一个问题相对复杂一点，人对工作的娱乐性需求是什么？

虽然不能照搬人对于产品的娱乐性需求，但是人对工作的娱乐性需求大体上都是一样。

人对于工作有兴趣爱好的需求、社交的需求、尊重的需求，以及获得意义的需求，这些都是心理需求和精神需求。

举一个现实的案例。稻盛和夫被誉为经营之神，他著名的《京瓷哲学》在中国的企业家中很有市场。在《京瓷哲学》一书中，稻盛和夫明确提出京瓷的经营理念是：追求全体员工物质与精神两方面幸福的同时，为人类和社会的进步与发展做出贡献。

很明显，京瓷的经营哲学就是关注员工物质和精神两方面的幸福，用娱乐化思维来理解就是关注员工实用性需求和娱乐性需求的双重满足。

在具体的管理工作中，员工的实用性需求和娱乐性需求的关系是管理者值得深入研究的一个问题。根据我们的研究，员工对于工作的实用性需求和娱乐性需求存在这样一种关系：

当娱乐性需求得不到满足时，实用性需求就更为强烈。

简单来说就是：当员工的兴趣、社交、尊重等需求得不到满足时，就会要求涨工资。

当娱乐性需求得到强烈满足时，实用性需求可以降低。

简单来说就是：能从事感兴趣的工作，并能够在工作中得到尊重、社交、意义时，工资低点也可以接受。

讲到这里你就能够知道组织管理的要义是什么了。

尽量去满足员工的娱乐性需求！

这就是我们说为什么组织需要有文化，因为文化可以帮助组织更好地满足员工的娱乐性需求。因为员工对兴趣爱好、尊重、社交的追寻，是无法仅仅通过刻板的管理制度来实现的。不仅不能实现，还很有可能让他们更加觉得自己的娱乐性需求没有得到满足。

所以，除了涨工资、发奖金这种仅仅满足员工实用性需求的管理方式之外，企业可借鉴一下剧组式管理，给每个人一个更合适的角色，变岗位为角色，变公司为舞台，给管理赋予主题，引入一些管理道具，打造戏剧化的企业文化，这才是能够满足员工娱乐性需求的管理方式。

第二章

用娱乐化思维快乐地干掉对手

2019年,我在位于广东省湛江市徐闻县南极村的艺术家部落投资了一栋民宿,取名泊明居。在民宿的设计上,我和设计师连君一起进行了很多娱乐性的尝试。

首先我们要让客人觉得这里有趣。为了提高民宿的趣味性,我们花了一些小心思。比如泊明居二楼房间的圆形大浴缸是大红色的,让人眼前一亮。另外,浴室面向大海设计了大大的玻璃窗,可以让游客边泡澡边欣赏星辰和大海。

为了增加这个地方的网红打卡属性,我们在泊明居的墙壁上用当地特色的红土和珊瑚石设计了一个中国地图,地图的下面是一个28型老式自行车,寓意着这里值得人们骑车穿越大半个中国来体验。这样的趣味设计,让这里成了一个网红打卡点。

住在这里还有一个特别的体验,就是可以在沙滩上乘坐牛车,晚上坐在灯塔图书馆下,边品尝红酒边听艺术家弹唱自创的民谣歌曲。

只是增加了一点特别的娱乐化设计,就会让人感受到趣味性,感受到美好,因此激发了很多人来这里住一晚的欲望。这个欲望背后,是人们对这种面朝大海春暖花开的生活的向往,是对远离都市喧嚣、慢下来体会美好生活的向往。目前,泊明居已经成为当地最受欢迎的民宿之一。很多人驱车数百里前来体验,甚至有人从东北慕名而来。

什么是娱乐?娱乐化思维认为它就是一种对美好生活的向往,是一种美好的生活方式,也符合物质生活水平逐步提升的中国人对美好生活的追求。接下来就让我们重新再认识一下娱乐,和它背后的美好生活方式。

第一节 重新认识娱乐和娱乐化思维

经过第一章的内容铺垫,相信大家对娱乐化思维已经有了一些浅显认知,了解了人是有娱乐性需求的。本章内容里,我们将从概念到理论基础系统梳理一遍什么是娱乐化思维。因为只有你真的了解了它的内涵,才可以更好地运用它。

什么是娱乐和娱乐性

一说起娱乐,读者通常会联想到娱乐新闻、明星八卦和影视等娱乐产业。这就是指狭义的娱乐。而一说起娱乐化,很多人又会联想到低俗化或媚俗化。对不起,这些都不是我们要说的娱乐,也不是我们所要谈的娱乐化。

娱乐化思维中的娱乐二字,最简单直接的含义就是人的心理需求、精神需求满足所带来的快乐体验。

经济学上解释需求时引入的人性趋利的假设来源于弗洛伊德,而营销学界研究需求引用最多的是马斯洛需求层次理论。而娱乐化思维的研究也与心理学家的研究成果有关,娱乐性需求的假设同样来源于弗洛伊德。在进一步解释人的娱乐性需求到底是什么时,我们也要借用马斯洛的需求理论。

马斯洛的需求层次理论把人的需求分为五个层次,这是马斯洛早期对人的需求的分类,我们更倾向于认同他在后期把人的需求分为七个层次,这七个层次分别是:生理的需求、安全的需求、社交的需求、尊重的需求、求知的需求、审美的需求和自我实现的需求(即在原需求五层次理论的基础上增加了求知的需求和审美的需求)。

我们所说的娱乐,就是马斯洛需求理论中对社交、尊重、求知、审美和自我实现的需求满足所带来的快乐体验。

如果将用户的实用性需求和娱乐性需求，直接对应马斯洛需求层次理论中的七层需求，那就是：

实用性需求对应马斯洛需求层次理论中生理的需求和安全的需求。

娱乐性需求对应马斯洛需求层次理论中社交的需求、尊重的需求、求知的需求、审美的需求和自我实现的需求。

但是，这种简单的直接对应显然会有一些问题。比如，如何理解求知的需求也是一种心理需求和精神需求呢？我们如果单独说求知的需求，很多人会认为是对知识的需求或是对教育的需求。

马斯洛的原意应该是指人们有探索外在世界的需求。而结合娱乐化思维中所说的人的娱乐性需求，我们认为求知的需求应该被理解为人的好奇心需求。因为人对这个世界有好奇心，所以才会有求知的欲望，才会对自己不熟悉的世界有兴趣，才会对新鲜的事物感兴趣。这样也才能解释人为什么会喜新厌旧。因此，在娱乐化思维的概念中，我们会把人的好奇心需求认为是人的一种娱乐性需求。

有关社交需求我们也有必要做一个延展。在马斯洛的需求层次理论中，情感需求被归为社交需求，并没有作为一个独立的需求。但是，我们认为社交需求与情感需求不能完全混为一谈。有些社交需求并非情感需求，而是因为人不喜欢孤独，所以要出去社交。还有些社交是出于自尊的需求，比如出席某种高端的社交场所和社交圈子，会觉得自己受到了尊重。社交货币这个词也让我们对社交的理解跟之前有所不同，很多流行的、热门话题之所以成为社交货币，也是因为有炫耀、有获得尊重的需求在其中。

其实情感需求应该是独立于社交需求的，情感需求主要是指人们对爱情、亲情、友情的需求，也指人们对某种情绪和感受的认同。但这些需求不一定是社交需求，而是获得爱、尊重和情感共鸣的需求。比如，我们看一部电影的时候，会对电影故事中表达的情感产生共鸣或排斥，这个时候的情感需求就不是社交需求。但我们从艺术作品中获得这种情感共鸣的需求又很大，尤其是考虑到我们做产品和品牌时需要获得用户的情感认同，所以，将其单独列出更便于我们来理解和运用。

在马斯洛需求层次理论中，最高层次的需求是自我实现需求。自我实现需求当然是属于人的精神需求。但是我们是在经济学和营销学的领域来探讨这个问题，说购物能够让人获得尊重需求的满足还可以理解，说购物能使人获得自我实现的需求就有点夸大其词。所以，我们在娱乐化思维里会把人对自我实现的需求更改为人对意义的需求。

同理，我们想拥有某种商品，如果我们能够从它身上获得某种意义，那我们就会获得满足感。比如，钻石这种商品本来是没有什么意义的，但是因为它与爱情的天长地久扯上了关系，因此它就能够满足很多女性对于爱情忠贞这种心理的需求。因此，我们会把人对于意义的追求认为是人的一种娱乐性需求。

总结来说，娱乐性需求就是指人的好奇心需求、审美需求、社交需求、情感需求、尊重需求和对意义的需求。

娱乐性是指一些事物身上所具有的能够满足人们的好奇心需求、审美需求、社交需求、情感需求、尊重需求和对意义的需求，能够给人带来快乐体验的一些特性。

什么是娱乐化和娱乐化思维

我们花了不少笔墨总算说明了什么是娱乐，现在分析什么是娱乐化。

答案就是：

为原本不具有娱乐性的事物赋予娱乐性的方法和过程，就是娱乐化。

什么是娱乐化思维呢？

答案就是：

在企业经营管理活动的每一个环节中，始终都能关注利益相关者的娱乐性需求，并设法满足他们的娱乐性需求的一种商业思维。

从二者的定义可以看出，娱乐化更强调实际操作的过程和方法，而娱乐化思维则更强调一种意识。前者更注重行动层面，而后者更注重思维层面。

我们都知道，人的行动都是受思想意识决定的。因此，从这个意义上来说，我们要将娱乐化思维放在前面。有了娱乐化思维，才会有娱乐化的行动和过程。

这也是本书以娱乐化思维为前提的原因所在，它强调娱乐化思维应该是我们思考一切商业活动的原点和出发点。

但是，这个原点和出发点绝对不是一家之言。从弗洛伊德的人性三原则到马斯洛需求层次理论，再到约瑟夫·派恩的《体验经济》，从心理学到营销学再到经济学，很多人的理论都为娱乐化思维提供了坚实的理论支撑。在接下来的内容里，我们会对此做一个简单的铺垫和梳理。

第二节　娱乐的八种特性

娱乐化的八种特性，并非娱乐的八卦特性。到底具备什么样的特点才能称之为具有娱乐性呢？我们也可以换一个角度来回答这个问题：事物具有什么样的特点才能满足人的好奇心需求、审美需求、社交需求、情感需求、尊重需求和对意义的需求？

娱乐化思维的根在娱乐业，很多理念都是从娱乐业和娱乐产品身上借鉴而来。娱乐产品几乎都能够满足人的好奇心需求、审美需求、社交需求、情感需求、尊重需求和对意义的需求。即便一部娱乐作品不能完全满足这几种需求，至少也能够满足其中的几种。我们可以拿一部自己曾经看过的电影作为例子，比如在2019年国庆期间上映的电影《我和我的祖国》，相信看过这部电影的观众非常多。想想看，你的好奇心需求、审美需求、社交需求、情感需求、尊重需求和对意义的需求，有几种在这部电影中获得了满足呢？

好奇心肯定得到了满足。1949年国庆那天的开国大典上，天安门广场上的国旗杆竟然是电动的，毛主席按下按钮之后，国旗自动升起。黄渤饰演的角色林治远就是电动旗杆的设计者，这背后的故事足以满足我们的好奇心，我们爱国的情感需求也得到了满足。从电影里，我们肯定也感受到了一些意义，例如国之大义，人之大义等。因为这部电影在当时是一个热点话题，看电影晒朋友圈，社交时参与电影的话题讨论等，也满足了我们的社交需求。同时，看了这么热门的一部电影，显得我们也是一个紧跟潮流的人，因此尊重需求也部分得到了满足。

你看，就是一部电影，居然满足了我们所有的娱乐性需求。由此可见，这部电影本身的娱乐性是非常之强的。以娱乐作品为借鉴，我们从中总结出了娱乐性的几种特点。这些娱乐性的特点，用在企业的实物产品上同样会发挥娱乐性的作用，可以满足用户的娱乐性需求。

一、趣味性

娱乐性的第一个特点是趣味性，也可以称之为新奇特。为什么说趣味性或者新奇特是具有娱乐性的呢？是因为人有好奇心的原因。

我们这里的好奇心是从马斯洛需求层次理论中的求知需求引申出来的。在马斯洛需求层次理论中，求知需求排在金字塔顶向下的第三层，足见它的重要性。

为什么好奇心那么重要？

英国人伊恩·莱斯利在《好奇心》这本书里，将好奇心当成推动人类进步的第四驱动力。要是你知道前面三大驱动力是什么，就会更惊诧于好奇心的能量。驱动人类进步的前三大驱动力分别是：食物、性、房子。

要知道，食物、性和房子是属于人类生存和安全的需求，属于安身立命的东西。听起来非常不重要的好奇心凭什么可以跟它们并驾齐驱，被称之为人类进步的第四驱动力呢？

答案是：因为好奇心也是人类的快乐之源。按照弗洛伊德的说法，趋乐避苦是人性的原则之一。那么人们如何趋乐，如何追求快乐呢？追求新奇的事物来满足好奇心就是其中的一个方法。所以，好奇心的满足就是人类的快乐源泉之一！

从商业范畴来看，如果不是因为人类的好奇心驱动，我们就会缺少很多创新和发明创造。更为现实的是，如果你的产品、营销等不能诱发用户的好奇心，也就缺少了吸引用户关注的能力。在注意力稀缺的商业市场上，也就不会率先被用户关注和了解。

既然好奇心这么重要，那什么才能满足人们的好奇心呢？

其实，好奇心这三个字的字面已经给出了答案了。"好奇"的意思不就是喜欢新奇、奇特的东西吗？所谓好奇心，就是喜欢新奇、奇特事物的心理。既然人都喜欢新奇、奇特的东西，那新奇、奇特的东西也就能满足人们的心理。

所以，娱乐性的第一个特征就是趣味性，也可以称之为"新奇特"。

我们以电影《哪吒》为例子，看看其中有没有新奇特的内容。哪吒的造型不同于我们原来在漫画书中所见到的形象，是一种新奇特。哪吒的师父太乙真人在电影里是说四川话的，也是一种新奇特。龙王的三太子敖丙居然是一个日漫风格的人物，这又算是一种新奇特。总之，要是按照这个新奇特的观点去发现这部电影的趣味性，你会发现原来有很多东西在无形中满足了我们的好奇心，让我们觉得十分有趣。

二、艺术性

我们本来在探讨娱乐性，结果又引进来一个艺术性，有关系吗？艺术那么高雅，跟娱乐性怎么关联在一起呢？又如何跟商业联系在一起呢？

实际上，有这种想法的人要么是对艺术有误解，要么是对娱乐性有误解。在娱乐化思维看来，艺术本来就是为了娱乐而存在的。艺术要是失去了娱乐性，也就没什么存在的价值了。

也许这话艺术家们不爱听，但这却是事实。想想看，音乐、电影、电视剧、舞蹈、戏剧是不是都是艺术？它们中哪一种艺术形式最受大众欢迎呢？有人觉得是音乐，有人觉得是电影，也有人觉得是电视剧。虽然每个人给出的答案可能不一样，但一定是人们认为相比之下娱乐性较高、更受欢迎的那一个。

再想想它们为什么受欢迎，不就是因为它们具有娱乐性吗？否则，谁会愿意为它们买单呢？没有人买单，这种艺术形式还如何存在呢？

艺术与商业的关系也是十分密切的，艺术本身也是一种商品。苹果手机刚刚问世的时候，很多人都是将其视为手机中的艺术品，因为它的设计充满了艺术之美。而来自英国的戴森吹风机，被称为小家电业中的苹果，也是因为它的设计艺术成就很高。

那么艺术的娱乐性体现在哪里呢？它是如何满足人的娱乐性需求的呢？

首先，艺术来源于生活，但是高于生活。高于生活的意思就是，它里面有我们在生活中看不到的东西。这些东西对于我们来说是新鲜的，是具有娱乐性的。

其次，艺术还有一个重要的功能是创造美，而美是每个人都追求的东西，我们不妨看看最贴近我们生活的艺术形式。比如，即便你不懂音乐，也能够感受到音乐有音律之美；即便你不懂绘画，也能够感受到绘画有色彩、线条、结构之美。

而审美就是我们的娱乐性需求！这也就是我们为什么说艺术性是娱乐性。因为它能创造美，满足我们的娱乐性需求。

当然，也许有人会说，有些艺术形式没有特别的美感呀。是的，这正是我们要说的另外一个话题。

第三，除了美之外，艺术还能创造并探究意义，而对意义的追求也是一种娱乐性需求的表现。大多数人看到任何事物会不由自主去探究其意义，尤其是对于艺术作品。看一部电影，我们总是想要知道它在表达什么意思；听一首歌我们也会研究歌词表达的意义；看一幅画、欣赏一出舞台剧，我们都会追问其意义。

反过来说，仿佛只有找到了我们想要探究的意义，我们才会觉得这些东西具有艺术性。

第四，艺术的娱乐性体现在它的情感表达上。我们之所以喜欢欣赏艺术，就在于它们表达的情感能够与我们的情感产生沟通和共鸣。每个人欣赏艺术作品的时候，都会把自己的情感投射进艺术作品里面去，如果从艺术形式里找到了自己认同和接受的东西，就产生了情感的共鸣。否则，便是无感或者反感。有共鸣则有满足感，就能够获得快乐体验。我们的娱乐性需求就能够得到满足。

第五，艺术还具有一定的社交属性。比如看电影、听音乐会、看舞台剧演出，这些都具有一定的社交性。就算是用手机听音乐，我们偶尔也会看到朋友的歌单，或者通过其他途径发现朋友和自己喜欢一样的歌。这个时候，听音乐的社交属性就会凸显出来。而社交需求也刚好是我们的娱乐性需求。

你看，艺术的价值简直就是娱乐性的集合体。所有的娱乐性需求都可以通过艺术的形式来满足。艺术这个词听起来似乎离我们的生活比较远，其实不然！我们每个人的生活中都离不开艺术。即便我们不是艺术家，但是每个人骨子里都有追求艺术的一面。

艺术本身就是具有娱乐性的，而且是娱乐性的集大成者。所以，在产品开发、广告、营销等环节，妙用艺术形式是一种非常好的娱乐化思维在营销中的运用。艺术性能够给用户带来很多娱乐性需求的满足。

三、主题性

娱乐性的第三个特点是主题性。对于做产品、做营销的人来说，主题性可能不是一个特别常见的词。但是对于从事艺术创作的人来说，不懂主题性的人应该不多。因为很多艺术创作都需要用到主题性，甚至在创作上有一种方法叫主题先行。这个方法在艺术界也存在争论，有人认为主题先行是一种比较拙劣的、不高明的创作手法。事实上，所有的创作都是主题先行的。主题先行之所以被人诟病，是因为曾经有社会管理机构以行政命令的方式命令艺术家创作特定主题的艺术作品，主题先行因此就成为一种命题作文式的创作。实际上每个艺术家创作时都会先想好自己的主题再动手。

但是，主题性跟我们所说的娱乐性以及商业有什么关系呢？

我们说娱乐性需求中有情感和意义的需求，所以能够引发情感共鸣，能够输出价值观给人带来意义感，是能够满足人的娱乐性需求的。艺术作品的主题就承担着情感和意义表达，以及价值观输出的功能。最差的主题也会是一个类型的标签，能够让人立即感知到这是不是自己感兴趣的东西。从这个意义上来说，主题性是具有娱乐性的，属于娱乐性的其中一个特点。

主题性是一种娱乐性，对于产品开发和营销都有什么启发和借鉴意义呢？

主题性的意义在于它能提示我们，要把产品当成作品，把开发当成创作。想想看，我们在做产品研发、做设计、做活动策划的时候，有没有设定自己的创作主题，有没有把产品当成作品？如果我们想为自己的产品和营销赋予满足人的娱乐性需求的娱乐性，那就要按照主题先行的方式来创作。

此外，我们在娱乐性需求中还提到了尊重的需求。尊重的需求通俗一点解读的话也可以理解为人人都有自尊心需要满足，而自尊心的满足是能够帮助人获得心理满足感和快乐体验的。自尊心的满足有很多种途径和方式，而这些方式有一个共同点那就是人人都希望自己是人群中最特别的那一个，有意无意之间都想与他人区别开来，让自己看起来更出色、更优秀。而满足这一自尊心的方法有很多种。有人是以名牌、奢侈品、豪车来装扮自己，让自己看起来更出色；有人则选择用个性化的东西来给自己贴标签。而产品的主题性就是一个标签，对于用户来说，它是身份的标签。

从这个角度来说，赋予产品和营销以主题的细分，就是满足不同用户对身份的认同需求。以手机为例，我们时常在手机网站上看到评价说某某机型是街机。街机的意思是，这款手机已经满大街都是了。这种手机，对于追求个性的年轻人来说，显然就缺少了足够的吸引力。还是以手机为例，我们会发现有一些手机品牌会赋予自身一定的主题，比如音乐手机、拍照手机。也有定位细分人群的，如女性手机、商务手机等。这些就是最简单的主题划分。

在商品经济社会里，商品其实就是我们每个人在人生舞台上的表演道具。你用什么样的产品，会间接帮助你塑造你的人物形象，塑造你的角色，同时也可以满足你自尊的需求。这就是主题性也是娱乐性的核心秘密！

四、情感性

情感性属于娱乐性这一点应该很容易理解，因为在人的娱乐性需求中有情感需求。而且，在娱乐化思维的概念里，情感需求是独立于社交性而存在的。即便没有其他社交活动，人也是需要情感的，而且无论男女老幼都需要。

影视娱乐作品为什么能够引发共鸣？其秘密就在于它的情感表达。如果一部爱情戏所传递的爱情观与我们所持有的爱情观一致，我们就会发自内心地认同，对其中流露出的情感感同身受。于是，故事中的主角伤心我们会随之伤心，他们开心我们会随之开心。

同理，如果我们能够把自己的任何一件产品都当成作品，你同样可以为之赋予情感。

但是，在这里有必要说明的一点是，这里的情感应该分为情绪和感受两部分来理解。所谓情绪，包括我们的喜怒哀乐忧思等情绪；而感受是指我们从外界感受到的爱与尊重等。

为什么要做这样的区分呢？因为在现实的营销活动中，让用户尽可能感受到我们的爱和尊重固然重要，但是能够激发出用户的某些情绪有时候也是很重要的。比如制造喜悦感、愤怒感、恐惧感等，都是很好的吸引用户关注，进而引发用户购买的方法。

比如，我们经常在互联网上看到有网友批评一些人在贩卖焦虑。焦虑其实就是一种情绪。再比如发生新型冠状病毒引发的肺炎疫情之后，口罩、酒精、双黄连等物品被人们疯狂抢购，这其实是激发了人们的恐慌情绪。当用户的恐慌、焦虑等情绪被激发，而你能够适时告诉用户你的产品和服务能够缓解他们的焦虑，给他们带来安全感时，购买行为就会发生，用户的满足感就会随之而来。

五、社交性

人有社交的需求，因此当你的产品、品牌、营销、企业文化等具有社交性的时候，就能够满足用户的社交需求，给他们带来社交的满足感和快乐。所以从这个意义上来说，社交性是一种娱乐性还是比较容易理解的。

需要注意的是，娱乐化思维中所说的社交需求不是指你招待客户喝酒应酬的社交需求，也不是指你其他的饭局社交活动。

这里所说的社交需求，首先是指用户能够通过你的产品在社交场合获得增值。

什么叫社交增值？就是用户使用你的产品，能够让用户在社交场合赢得尊重。比如劳斯莱斯的用户开了一辆劳斯莱斯汽车参加同学会，会让他在社交场合显得身份显赫，受到特别的关注和礼遇。这就是一种典型的社交需求。

我们说男人买车很多都是为了社交需求，而社交需求背后隐藏的又是尊重的需求。因为这些特别的关注会让人觉得受到了尊重，人生价值得以实现，所以千万不要小瞧了社交需求带给人的满足感。

其次，社交需求是为了获取某种身份认同。我们知道人是社会性动物，不社交会感到孤独，会缺少身份认同感。产品和品牌为什么可以为用户提供这种身份认同呢？是因为产品和品牌可以成为某种个性化的身份标签，让用户见到这种标签的时候，就会产生一种天然的亲近感与认同感。就像开同一款越野车的人见面都会聊聊去了哪些地方、经历过什么风险，这种身份认同感自然就发生了。

六、故事性

每个人都爱听故事，即便是那些没有耐心看完一本小说的人，也不会排斥听故事。

更重要的是，如果一件事能够通过讲故事的形式说出来，便会给人留下更深刻的印象。比如，在我们学过的历史课本中，某个重要战争的时间点我们可能早就忘记了，但是相关的故事情节可能还有印象。再比如，当我们说起一个记忆深刻的人时，往往也会先说一说他身上的某些故事。

我们之所以喜欢听故事，是因为故事本身具有很强的娱乐性。

故事的娱乐性首先体现在它其中可以包含很多新奇特的东西，能够满足听者的好奇心。比如，漆黑的夜晚，朋友们聚在一起讲各种鬼故事。虽然听起来很害怕，但是还是很想继续听下去。鬼故事对于很多人来说，就是新奇特的东西。当然，还有一种特别吸引人的故事就是八卦故事。娱乐新闻为什么特别受欢迎？就是因为八卦中有很多新奇特的内容，所谓猎奇心态，不就是好奇心在背后作祟吗？

故事中除了包含新奇特的内容外，通常还会有某种特定的主题，具有一定的艺术性，还兼具某些情感表达和意义的传递。

我们从小接受的各种价值观教育，几乎都是通过故事的形式进行的，比如孟母三迁、孔融让梨、岳母刺字的故事等，无一不是通过故事来传播某种意义和价值观。

这么看来，故事也堪称是一个娱乐性的集合体。只要你具备讲故事的能力，就可以在故事中注入各种用户喜闻乐见的娱乐性。

说到这里，大家就应该明白为什么广告要讲故事、产品要讲故事、品牌要讲故事的原因了，就是因为故事中包含的各种娱乐性能够满足人们的娱乐性需求。此外，故事还具有自传播的能力。只要你能讲一个好故事，就会有人将它一传十、十传百地向外传播，而这些不就是我们营销想实现的目的吗？

七、流行性

流行是指社会上一段时间内出现的某种能够为许多人或认知，或接受，或采用的事物。它可能是一个物品、一种观念、一种语言，或是一种行为方式，可能是某个人无意中提出的，也可能是某个权威人士曾经践行过，因为媒体传播而逐渐被放大，进而为全社会慢慢接受和采用。

简而言之，它可能是一个流行的形象，比如曾经流行的小猪佩奇；也可能是一句网络用语，比如"我太难了"；或者是某个行为方式，比如风靡一时的"鬼步舞"等；更有可能是件商品，比如多次被抢购的苹果手机；甚至有可能是一栋大楼，比如重庆曾经出现的24层不带电梯的网红大楼。

所以，我们这里所说的流行，不仅指与时尚有关的流行，还涵盖了畅销、热点的概念在其中。

娱乐化思维概念中的流行，更像是一种社交货币。在社交活动中，你可以拿来分享、拿来晒。因为你分享的这种东西具有流行性，因此别人也乐于接受你的这些分享。而在分享的过程中，你能够获得某种满足。比如，感受到自己紧随潮流，别人也认同你的观点，或惊叹于你怎么知道这么多等，都会让你因此觉得自己受到了尊重，从而获得某种满足感。

跟随流行、分享流行的背后有很多满足娱乐性需求的心理动机，比如：获取优越感提高自己社会地位的动机；获得异性关注的动机；显示自己的独特性以证明自己的存在价值的动机等。这些也正是我们所说的娱乐性需求。也正是从这个意义上来说，流行是具有娱乐性的。

流行的最高境界是制造流行，次之是跟随流行。所以，如果你的产品和营销能够制造流行，那说明它已是现象级的产品了，也说明你已经懂得用娱乐化思维来指导及实践娱乐营销了。如果不能制造流行，跟随流行也能借势带来一些流量，引起一定的关注度，也是一个不错的选择。

但是值得注意的是，流行的概念如果是用于营销中的推广手段上，那一时的流行是可以接受的。如果流行的概念用于整个营销中，我们则更希望这种流行成为一种趋势，而不能仅仅是流行一时。

八、品牌性

品牌在某种程度上是为了满足用户自尊心而存在的，这也是我们为什么把品牌视为具有娱乐性的原因所在。因为它的确能在很大程度上满足用户的自尊心，而自尊心需求就是一种娱乐性需求。

中国已经成为世界上最大的奢侈品消费国之一，从这个意义上来说，品牌的娱乐性对于中国用户来说应该是最容易理解的事。全世界各地的品牌店内，几乎都有国人疯狂扫货的场景。品牌在中国能带给用户的娱乐性需求满足，目前来说可能比在其他任何国家都大。

最离谱的是，许多用户对品牌只有一个认知：只要是贵的名牌就是好的，几乎到了"不求最好但求最贵"的地步。实际上，我们很多眼里所谓的好，其实就是能够满足自己的虚荣心，让我们在亲戚朋友、邻里同事面前扮演一个成功者、有钱人的角色。让自己感觉有面子、受尊重，不会考虑这个品牌适不适合自己的年龄、身份、职业等。

品牌娱乐性当然不仅仅体现在它能够满足用户的自尊心上，品牌里还有品牌美学、品牌故事、品牌情感，甚至还有品牌的意义，这些都是品牌具有娱乐性的原因。

至此，娱乐性的八种特点我们就介绍完了。详细介绍娱乐的特点，是为了我们能在实际工作中更好地运用这些特点，把它们融入我们的产品和营销中，以此满足用户的娱乐性需求。

第三节 娱乐是人们对美好生活的追求

我们在开篇的第一章里就指出了随着社会的发展，用户的需求发生了变化，从追求实用性需求的满足转到追求娱乐性需求的满足。但是，这个变化不可能是凭空而来的。为了帮助大家更好地理解和接受娱乐化思维，我们有必要了解用户开始注重娱乐性需求满足背后的社会现实是什么。认清楚这种社会现实的真实存在，才有助于我们更加坚定地相信娱乐性需求已经是一种刚性需求，在商业活动中我们必须认真对待这种日益增长的用户需求。在这一部分内容中，我们也会分析日本的社会需求状况的发展变化，看看娱乐性需求在日本社会的发展演变，以及给我们带来的商业启示。

幸福拐点之后，人们更加追求美好生活

人的娱乐性需求其实一直存在，无论经济收入处于哪一个阶段，人都是有娱乐性需求的。只不过在不同的收入阶段人们娱乐性需求的强弱不同。但总体上来说，中国人的娱乐性需求是越来越强了，这背后的原因是整个国家经济快速发展带来的个体收入提升。

经济学上有一个很有趣的说法，一个国家人均 GDP 达到 8000 美元之后，人们的幸福感就不会再随着经济的增长而正比提升。也就是说，从这个拐点之后，人们的幸福感不会随着经济收入的增加而增加。延展开来说，人们在这个拐点之后不再仅仅满足于物质生活带来的满足感，反而会追求一些心理和精神层面的满足。这其实就是我们所说的娱乐性需求的增加。

按照这个说法，中国人的幸福拐点在 2016 年就到来了。2016 年中国的人均 GDP 就已经达到 8676 美元。2018 年，中国人均 GDP 已经达到 9630 美元。到了这个时候，也就是说接下来无论我们再怎么挣钱，幸福感都不会明显增加。相反，你可能会对美、情感、自尊、意义的追求更多，因为这些娱乐性的需求才能够让你更满足。

上面所说的是一个国家的人均 GDP，并不是人们的平均收入，那么人均收入达到多少的时候是人们的幸福拐点呢？这个会因为每个国家的发展水平不同而不同。

美国民意，调查机构盖洛普曾针对 40 个国家进行过幸福指数调查，结果发现，美国人的"幸福拐点"是年收入 10 万美元。如果从个人年收入看中国人的

幸福拐点，央视财经的《中国经济生活大调查》在2017年做的一项调查发现个人年收入达到30万元的时候可以视为一个幸福拐点。也就是说，过了这个拐点，收入再增加，幸福感未必会随之增加。当然，具体到每个人而言，幸福拐点也都是不一样的。但是我们在这里说的是大趋势和大方向，只要大的趋势上没有错误，我们就可以认为这个推论是合理的。

事实上，幸福感是一种相对主观的感觉，它也并不完全取决于收入多寡和物质层面的满足。美国积极心理学之父马丁·塞利格曼甚至在《真实的幸福》一书中指出这样一种现象，反而是一些穷人会拥有更高的幸福感。这个所谓的高，是指幸福指数与他们的收入水平相比高的。它至少说明这样一个道理，人性趋利追求利益最大化这个假设是存疑的。

我们之所以要探索中国人的幸福拐点这件事，是因为我们希望从宏观大趋势的变化来分析个体需求会发生怎样的变化。最重要的是，我们想借此看看，个体需求中的娱乐性需求是否真的在增加。

用娱乐化思维来看，幸福的拐点其实也是人的需求拐点。在这个拐点之前，人们更看重物质需求，更注重实用性需求的满足；过了这个拐点之后，人们更看重心理需求和精神需求，更重视娱乐性需求的满足。其实，对于娱乐性需求的追求，也是一种对美好生活的追求。事实上，在美国对娱乐的强调就被认为是对"美好生活"追求的体现。

接下来，再让我们从日本社会的消费变迁印证一下这个观点的正确性。

日本经济发展和消费偏好变迁的启发

日本社会学家三浦展在《第四消费时代》一书中把日本工业革命之后至今，由于经济发展带动的日本国民的消费偏好变化分为四个消费时代。日本人在不同经济发展时期的消费偏好，对于今天中国人的消费偏好有着一定的借鉴意义。

三浦展界定的日本第一消费时代是1912年到1941年。

那是日本在工业化之后，刚刚开始城市化进程，大量人口向东京、大阪、横滨等大城市流动。日本的城市也开始受益于工业化有了电灯、百货公司、剧院、写字楼、公寓。同时，受西方生活方式的影响，人们也开始崇洋，大街上时常有打扮时髦的"摩登女郎"。这种西洋式的生活形态，有点像中国改革开放之后那段时间的样子。

从1945年到1974年，这30年的时间是日本的第二消费时代。

战败后的日本经过调整，进入了经济高速发展时期。电冰箱、洗衣机、电视机、空调等家用电器开始进入普通百姓家庭。以家庭为单位的消费强调"以大为好"，彩电要买更大的、房子要买更大的。

如果用娱乐化思维来分析这个阶段的日本消费，"以大为好"还是偏重于实用性需求的满足。尚未来到我们所说的"幸福拐点"，也就是需求的拐点。

第三消费时代是指从1975年到2004年的30年。

这个消费时代里，日本经济增速放缓，同时随着离婚率上升、啃老族的增加，以及单身群体的崛起，消费从以家庭为单位转向以个人为单位，掀起了个人消费的热潮。个人消费不再追求以大为好，转而追求个性化的商品。三浦展把追求名牌的消费行为也归类于第三消费时代。人们开始对标准化的、重量不重质的消费观念不以为然，希望通过购买特色商品体现与众不同的自我。

这个时候的日本消费才算来到了我们所说的需求的拐点，1978年在日本的人均GDP到达8000美元之后，随之而来的就是日本人消费需求的升级。这一阶段日本人的消费明显开始追求娱乐性需求的满足。但是，大家一定要清楚这一个事实，任何一个阶段的消费偏好，都是实用性需求和娱乐性需求并存的。只不过，在不同的消费阶段，有时是实用性需求占据主导地位，有时是娱乐性需求占据主导地位。

日本的第四消费时代从2005年开始出现。

这一时代的出现有一个重要的社会基础，那就是90后年轻人开始走入社会。第四消费时代的一大特征，就是大家觉得花钱攀比消费没有意义，人们更渴望享受"美好的时光"。最具代表性的消费方式是，东京银座和六本木、新宿等商业区，涌现出大量的站立式餐厅，大家各自买上一杯生啤，围着一个红酒桶喝酒聊天。

比起高消费的第三消费时代，第四消费时代的消费者更认同人与人之间的情感连接。

《第四消费时代》一书中有一个核心观点，作者认为日本人新时代的消费理念，已经从最初的大众化消费，到崇尚时尚、奢侈品，再到注重质量和舒适度，进而过渡到回归内心的满足感、地方的文化传统特色，以及人与人之间的情感纽带上来。三浦展的有关日本消费的四个时代的划分虽然不能直接生搬硬套到中国来，但是这对我们研究中国社会的消费分层也很有借鉴意义。

中国社会的消费需求变化

了解完日本的消费时代划分，我们再来了解一下中国社会的消费偏好。

中国的消费情况非常复杂，无论麦肯锡的报告或是尼尔森报告，都无法讲清楚中国消费的全部状况。

我们分析欧美和日本社会的消费偏好变化，通常都是选择以第二次工业革命的完成作为一个时间节点。因为第二次工业革命带来的生产力提升，以及经济的飞速发展，通常都会对整个社会的消费偏好产生巨大的影响。众所周知，由于历史的原因，中国错过了第一次工业革命和第二次工业革命的发展先机。改革开放的40年来，中国一路追赶，先后完成了三次工业革命，并在今天到来的以大数据、人工智能等为代表的第四次工业革命中挤进了"第一方阵"。

从经济发展带动的消费变迁来看，1978年以前计划经济年代的用户消费偏好对我们今天研究消费几乎没什么意义。因为那个时代的整体特征就是穷。所以，能吃饱穿暖就是最大的消费偏好了。

1978年改革开放开始到1990年之间，这个阶段人们的生活仍旧面临着物资短缺。除了大城市和珠三角、长三角等发达地区外，人们吃好穿好的需求都很难得到满足。直到1993年，中国才正式废除了计划经济时代的粮票，正式放开粮油的市场供应。

所以，从20世纪90年代开始研究中国的市场消费偏好才更有意义一些。即便是这样，我们的研究范围仍旧只能先聚焦城市用户的消费，然后再慢慢推向农村市场。当然，我们的研究仍旧只是聚焦于消费者的娱乐性需求变化。

我们先以时间维度对中国用户的消费偏好中娱乐性需求的变化做一个简要的总结。在这个总结中，我们只提一些相对普遍存在的、共性的特征。

从20世纪90年代初到21世纪初的十多年，是中国的第二次工业革命时代。电力、家电、石油化工，以及其他一些中高端产业的发展，在这一时期打下了良好的基础。

但是这一阶段城市居民的消费力还不是很强，更不用说农村市场了。这一阶段城市居民消费以家庭为单位的大件耐用消费品为主，购买电视、冰箱、洗衣机等大件比较多。日用消费品的消费也开始兴起。但是这个时候人们的消费特点还是更看重价格。尤其是家电行业的商家，常常为了争夺市场而打价格战。经历过那一时期的人，应该会记得电视机品牌长虹、康佳的价格战。

所以，这一阶段人们的娱乐性需求用一台大彩电、大冰箱和大洗衣机就可满足一家人的需求。同时，也满足了人们对外的面子需求。当有客人来家里做客时，在客厅里能看到大电视和大冰箱，到阳台上能看到大洗衣机，就是很有面子的一件事。对于部分收入较高的人来说，这个时候已经开始追求国外的名牌，购买日本的彩电、冰箱和卡拉OK，或者购买合资或进口的摩托车等。

21世纪的头十年，是中国消费升级较快的一个阶段。随着中国经济发展速度的提升，人民收入水平的提高，消费力在这一时期也获得极大提升。加之与国外几乎同时起步的信息通信行业、互联网得以突飞猛进，人们的消费观念也开始转变。

这个阶段的消费由家庭消费更多地转为个人消费，个人手机、个人电脑开始兴起，汽车也快速走进城市居民的家庭。中国人开始有了较强的品牌意识，买东西开始更看重品牌。

这个时候人们的娱乐性需求，主要体现在对价格更高的家用汽车的追求，以及个人电子产品和其他品牌商品的追求上。另外，对于娱乐性消费的需求这一时期增长明显。互联网游戏等泛娱乐的产品，以及电影、电视剧、音乐、演出等娱乐性消费的需求明显增加。

2011年至2017年，这个阶段中国一二线城市部分高收入群体的消费偏好开始呈现个性化的趋势，也开始更加注重服务。大量个性化的餐饮店、服装店，以及其他个性化商品出现在市场上。

2018年之后，一线城市的部分用户消费趋向理性，开始从品牌消费转向品质消费。千禧一代开始具有消费能力，新兴消费阶层兴起。而这些新兴消费阶层对于名牌商品并没有特别的兴趣爱好。

但是中国社会的消费趋势不能从单一维度去解读。随着社会经济的发展，消费升级对于每一个社会阶层的人来说都是存在的，但是更明显的特征是整个社会的消费分级。在分级的基础上再探讨各个层级的升级，这样才能对每个社会阶层的消费偏好有一个更全面的认识。

我们千万不要想当然地以为互联网让这个世界上的信息变得对称了。实际上，因为偏好不同、习惯不同，加之互联网技术下的信息主动推送，由此所造成的信息不对称问题正在加剧。每个人都活在自己的信息茧房里，以为自己看到了整个世界，实际上你看到的只是你想看到的世界，或者只是大数据算法想让你看到的世界。

我们不是要讨论信息社会的这些问题，我们所要思考的问题是，如何用娱乐化思维让你的产品、你的产品信息，能够更好地满足用户的情感诉求、精神诉求，怎样让他们从消费中获得满足感，获得快乐。

在这样一个消费分级明显的社会里，你不能简单认为某个产品是垃圾，换一个场景它可能就是宝贝。在你的世界里这个商品是名牌，换一个地区它可能根本没有任何人知晓。所以，中国社会的消费格局是极为复杂的。你永远不能轻易定义一件产品，因为它可能只在你的世界里呈现出这个模样。所以，在中国当下的市场环境中，很多商业模式问题、营销问题，是无法用一种简单粗暴的观点和方式去解释的。你得清楚地知道你的用户是什么人，他们处于什么消费阶段，进而才能以他们喜欢的方式提供他们想要的产品。

也正因为如此，在中国的商业创新特别复杂。对于很多用户来说，你的所谓创新可能并不对他们的胃口，因为他们可能还处在很低的消费阶段。但对另一部分用户来说，不以创新去迎合他们的需求就相当于等死。但无论中国的消费分级现象有多么复杂，总体不变的趋势是人们都在追求更好的生活，人们的娱乐性需求都在增加。只要明白这一点，你就能够知道创新的点在哪里。

第四节　娱乐化思维下的产品价值公式

在前面的内容里，我们从需求的角度拆解了用户的实用性需求和娱乐性需求，又解读了什么是娱乐性，它们包括哪些内容。了解这些是因为，用户是最终要为我们的产品和服务买单的人。你不关注用户的需求是什么，就无法满足他们的需求。

但是，反过来说，我们关注用户的需求的目的，还是要回到我们自己的产品本身。看用户需要什么，我们就在产品中赋予什么。

第一章中的用户需求满足公式，虽然对于我们有很多指导意义，但是还不够直接。在知道用户有娱乐性需求，又知道这些娱乐性到底是什么的情况下，为了更好地指导娱乐化思维在商业上的应用，在这一部分内容里，我们会根据娱乐性构成、用户需求的分类和用户需求满足公式，给出一个更具有实际应用价值的产品价值公式。

产品价值公式

市面上的产品价值公式有很多，每一个公式所要表达的主题和要点也不一样。

本书给出的产品价值公式，来自于上文所说的用户需求满足公式。我们想表达的重点是，产品要着重于哪些要素才对用户有价值，才能满足用户的需求。所以，我们的产品价值不是凭空想出来的价值，而是参考用户的需求，用户认为什么有价值，我们就将它们放到产品中。

经济学上有一个关于价格的定价原则——价格反映价值。这一概念听起来很简单，但是操作起来很难。因为最好的商业模式就是价格不反映价值，价格虚高于价值。每个老板都希望自己产品的价格是高于价值的，因为这样利润才会更高。

我们这个产品价值公式也希望做这方面的尝试，一是通过这个公式分析产品的价值构成，怎样尽量放大产品的价值，从而为自己的产品定一个更高的价格，或者实现低价格高品质，从而形成热销。

在第一章的内容里，我们给出的用户需求满足公式是：

$$用户需求满足 = 实用性需求满足 \times 娱乐性需求满足$$

在这个基础上，我们给出的产品价值公式是：

$$产品价值 = 实用性价值 \times 娱乐性价值$$

（实用性价值的取值范围：0～100；娱乐性价值的取值范围：-100～100）

这个公式比较容易理解，因为用户需要实用性和娱乐性，所以产品要具备这两种价值。但是具体什么是实用性，什么是娱乐性，这个问题有必要继续往下推演。

产品的实用性价值公式

我们之前也曾提到，实用性就是产品的物理属性和解决实际问题的功能性。如果我们再具象一点来解读，实用性主要体现在产品的工具性、安全性、耐用性及经济性上。

什么是工具性呢？

就是产品作为一种工具能够帮助我们解决实际问题的能力。这包括它是否能够解决问题，解决问题的效率如何等。有关产品的工具属性，我们会在本书第四章相关篇章里详细讲解。

除了工具之外，安全性和耐用性更容易理解。我们之所以看重产品的物理属性、材质构成，通常都是出于关心它的安全性和耐用性，是否有毒有害，能用多久，这些都属于用户关注的实用性范畴。此外就是经济性，也就是人们获得这个产品的成本高低。

根据上述分析，我们能够得出产品的实用性价值构成公式：

$$实用性价值 = 工具性 + 安全性 + 耐用性 + 经济性$$

产品的娱乐性价值公式

接下来我们再分析一下产品的娱乐性价值构成。在前文解读什么是用户的娱乐性需求以及娱乐性的特点时，我们已经根据马斯洛需求层次理论和弗洛伊德快乐原则归纳出，人的娱乐性需求包括好奇心、审美、情感、社交、尊重和对意义的需求。有关什么是娱乐性我们也总结出八个特点，它们分别是：趣味性、艺术性、主题性、情感性、社交性、故事性、流行性、品牌性。具有这八种特性的事物，就能够满足人的六种娱乐性需求，从而给受众带来心理和精神层面的满足和快乐。

在这个基础上，我们给出对应的产品应该具有的娱乐性价值公式：

$$娱乐性价值=趣味+艺术+主题+情感+社交+故事+流行+品牌$$

完整版产品价值公式

至此，根据实用性价值和娱乐性价值所包括的内容，完整的产品价值公式为：

$$产品价值=实用性价值×娱乐性价值$$

其中：

$$实用性价值=工具性+安全性+耐用性+经济性$$

$$娱乐性价值=趣味+艺术+主题+情感+社交+故事+流行+品牌$$

有了这个公式，我们在做产品研发、品牌、营销、传播的时候，就可以很有针对性地去思考、去判断产品是否符合用户的需求，是否具有满足用户实用性需求和娱乐性需求的价值点。

我们在第一章的内容中还提到一个实用性需求的陷阱，意思是提醒大家在做产品研发和创新的时候，不要仅仅聚焦于用户的实用性需求，聚焦于产品的实用性。相反，在实用性需求既定不变的情况下，加大产品娱乐性的投入，同样会让你的产品价值倍增。

另外，请大家不要忘记一个非常重要的观点，用户是出于实用性需求产生购买意愿，但会以娱乐性需求是否满足做出最终是否购买的决策。所以，产品的实用性固然重要，但是产品的娱乐性才是决定它最终是否被用户所接受的终极原因。

当我们知道产品的价值构成中娱乐性的占比很大，同时也明白娱乐性的具体内容是什么的时候，就可以通过对产品娱乐性的丰富实现产品价值的更大化。让我们的产品在与其他同类产品竞争时具有明显的竞争优势和娱乐性差异化。

请注意，我们给出的实用性价值和娱乐性价值的构成要素，暂时还不是实操意义上的方法，而是一个个价值点。这些价值点构成了产品的价值总和。同时，它们也是用户价值的集合。

第五节　用娱乐化思维进行差异化竞争

娱乐化思维是竞争思维

一个思维模式的核心价值不能仅仅是书面语言，它需要到实践中去检验真伪。娱乐化思维同样要接受这样的考验，应用到解决问题的商业活动中去。

我们先来看看娱乐化思维是如何帮助企业解决产品没有竞争差异问题的。

在商业竞争中，要想获得竞争优势，有这样几个竞争战略可以选择，一种是成本领先战略，一种是差异化战略，还有一种是聚焦战略。娱乐化思维不是万能药，因此不可能适用于所有竞争战略。娱乐化思维主要适用于差异化战略。

差异化战略的重点是如何才能实现差异化，同时这也正是娱乐化营销要解决的问题。

我们这里所说的差异化，主要是指产品的差异化、服务的差异化、品牌定位的差异化、营销手段的差异化、传播方式的差异化。

在上文的讲解中，我们曾提到这样一个观点：

在新经济时代，娱乐性将是你的产品区别于其他产品的最大的差异化。

因为随着生产技术的进步，仅仅在产品的使用功能上追求领先优势，追求差异化，已经很难形成竞争壁垒。当然，你可以举例华为有数十万的专利技术，在某些领域有一定的领先优势。但是，真正像华为一样的企业少之又少。

而即便是华为，在与苹果等国际一线品牌竞争时，仍旧要运用娱乐化思维。我们不能说华为是第一个把手机变成相机的公司，但是华为在手机摄影功能上所下的功夫确实是业界内领先的。例如莱卡镜头、三摄、超越单反的像素、数十倍变焦功能等。对于手机来说，拍照原本属于娱乐性的功能。但是华为却把娱乐性的功能变成了主流的功能，而且因此获得了成功。这就是典型的娱乐化思维，通过在产品的娱乐功能上做文章来实现产品的娱乐性差异。已经很少有人会在手机当年应该具备的主流功能——通信功能上做文章。相反，在手机的拍照、音乐、游戏等娱乐功能上，很多商家都在大做文章。

除了娱乐功能上的娱乐化思维，在产品的外形设计、外包装设计等方面，都有娱乐化的空间供商家发挥和施展，前提是你一定得知道如何运用娱乐化思维。

用娱乐化思维抢占用户心智

商业竞争中，产品的竞争最后会发展为品牌的竞争。美国著名管理大师德鲁克曾经说过，企业的经营成果在企业的外部。这个外部成果其实就是品牌在用户心智中的位置。这也是艾·里斯（Al Ries）与杰克·特劳特（Jack Trout）的定位理论中的观点。你的品牌如果在用户的心智中排名靠后，用户就不会优先选择你的品牌。因此，商业竞争的主要阵地在用户的心智中，在用户的心智中将其他对手打败，才能赢得竞争的胜利。

因此定位理论会强调企业在做品牌定位时要先了解用户的心智模式。有关心智模式和人的消费行为的关系，诺贝尔经济学奖的获得者丹尼尔·卡尼曼（Daniel Kahneman）在《思考，快与慢》一书中有着最为深入和精彩的解读。丹尼尔·卡尼曼把人脑的运行分为系统 1 和系统 2，这两个系统其实就是人的心智模式，是人的一切行为方式、思考方式背后的形式和规律。系统 1 可以理解为感性的心智模式，系统 2 可以理解为理性的心智模式。

系统1：感性，运行无意识且快速、不消耗脑力，没有感觉，完全处于自主控制状态，比如看到蛇就感到恐惧，看到美好的事物就觉得开心。在消费行为上，看到便宜的东西就有购买冲动，闻到香味很浓的食物就觉得好吃，看到自己常用的品牌就会产生天然信任和好感等，看到新奇的东西注意力就被吸引。

系统2：理性，将注意力转移到需要耗费脑力的活动上。体现在消费行为上，遇到价格昂贵的东西要分析一下是否物有所值，是否在自己的能力承受范围之内，贷款利息是多少等。

系统1的特点是，它自动运行，我们根本无法主动关闭它。它属于我们下意识的第一反应。它对于营销的启发是，一定要想办法抢占用户心智的系统1。让我们的品牌在用户的系统1中的反馈是最有价值、最值得信任和购买的。

系统2的特点是根据系统1提供的印象、直觉、意向和感觉等信息，大脑集中注意力进行理性计算和分析。然后将这些信息转化为自己的想法和行动。当系统1遇到无法解决问题时，系统2就会出面解决。

这个心智模式给我的启发是，尽量让用户的系统1做出购买决策，让他们感性地购买，不要理性地购买。那怎样才能让用户感性地购买呢？娱乐化就是一个有效的方法。

首先，娱乐化可以给用户带来快乐，让用户处于一个相对放松的状态，这样的情况下，用户是比较容易感性地做出购买行动的。

此外，娱乐化思维下的所有方法都是为了抢占用户心智中的系统1。通过趣味性、美、情感、社交、尊重、意义等符合用户心理和精神诉求的内容，让用户心智中的系统1对品牌形成感性认知。在这种感性认知下，用户的潜意识会对品牌做出最具有善意，也就是最省力的消费行为。

以王老吉凉茶为例，在一个吃火锅的消费场景中，如果你说自己怕上火不敢吃辣的，马上会有人想到：怕上火喝王老吉，来两罐王老吉！在娱乐化思维的概念中，"怕上火喝王老吉"这个广告语是具有趣味性、社交性和意义性的。所以它能够轻易抢占用户心智中的系统1，让用户做出最感性的购买行动。

也正因为如此，品牌定位中倡导广告语越简单越好，越易于用户转介绍越好，就是因为这样的广告语是具备娱乐性的，它能够轻易进入用户心智中的系统 1，让用户不需要经过理性思维就做出购买行动。

娱乐化思维在品牌竞争中的运用，最主要为了解决品牌无特色、知名度低、推广找不到引爆点等的问题。

品牌无特色、知名度低，很可能是企业在品牌定位层面出了问题，也可能是在品牌推广传播出现了问题。品牌传播中最常见的问题就是品牌没有故事性、没有主题、没有情感表达，既不能给用户留下深刻的记忆点，也无法与用户形成共情，当然也就无法获得用户的认同与青睐。

娱乐化思维能够帮你做什么呢？

首先，它能够帮助你在品牌定位的配称环节，优化你的品牌名称和品牌标识系统，增添你的品牌名和品牌标识的趣味性；指导你为品牌找到有主题和情感的故事表达，然后再通过娱乐化的内容形式传播出去，进而获得用户的共情。

有了这些娱乐化的改善，再辅以品牌推广的常用手法，你的品牌便有可能获得更高的知名度和接受度。

其次，帮你解决推广找不到引爆点的问题。

很多公司的老板和营销人员都会问我这样一个问题：怎么才能找到一个产品的引爆点？

其实这个问题背后的潜台词应该是，如何在品牌做公关传播时制造一个爆款的事件营销，让用户都知道我的产品和品牌，都来购买我的产品。遇到这样的问题，我通常都会回答他们：如果等你的产品和渠道都准备好，然后再想引爆点，这时候已经晚了。生硬制造出来的引爆点是个双刃剑，有可能对你的公关传播有帮助，也可能为你带来负面影响。

最好的方法是，在产品的开发阶段就开始考虑为产品注入娱乐性。包括产品的娱乐性功能、娱乐性的外观设计、包装设计、产品的主题等，然后再用营销的手段将这些内容精准地传播出去，自然就有可能让用户耳目一新、印象深刻，并最终打动他们，让用户产生购买行为。这才是一个引爆点的制造逻辑。

用娱乐化思维降低营销费用

很多人认为企业的品牌推广部门是个花钱而不需要背负销售任务的部门。

事实上，品牌本身就应该是产品营销中宣传推广的一部分。不以销售为目的的品牌推广对于企业来说是不存在的，品牌最终都要转化为用户的信任背书，都要传递产品的价值，都要能够激发当下或未来的购买行为。

有关营销，很多企业的老板和营销人员还有另外一个困扰：我的营销预算很低，我做不了大的广告投放，砸不了那么多钱在推广上，所以营销效果不好，我该怎么做？

可以这么说，如何用最少的营销预算实现最大的营销效果，几乎成了每一个老板和营销人的心病。在这里，我不得不给这种做着同一个梦的人泼一盆冷水：用最低的营销预算实现最大的营销效果，是一种不科学的幻想。

首先，最低的预算是一个怎样的最低，最大的营销效果又是怎样一个最大，这都是一个不科学或者不具体的概念。且根本不存在什么最大的营销效果，只存在更大的营销效果。

其次，梦想以最小的投入获得最大化的效果，这本身就是一种投机行为。这种思想是把营销当成是买彩票或者赌博，抱着侥幸心理希望这一把能中大奖。

但是，换位思考一下，这个想法也容易理解。连德鲁克都说企业经营的目的是追求利润最大化。能用较少的营销费用实现较大的营销效果，自然也属于利润最大化的一环。而娱乐化思维能够帮助你实现这一点：即便你的营销费用不高，但是只要你能够运用娱乐化思维来做营销，也能够确保它的效果比不用娱乐化思维要好很多。

在营销的4P理论中，产品（Product）、价格（Price）、渠道（Place）、推广（Promotion）都可以运用娱乐化思维。

产品的娱乐化思维我们已经强调过很多次了，你的产品具备娱乐性，自然就会有差异化，就会有关注度，有购买。我们一直在强调一个观点，娱乐性将是最大的差异化。不注重娱乐性的产品将逐渐被用户抛弃。

产品的价格同样需要运用娱乐化思维。营销学有一个零头定价法，是指你把产品的价格定为19.95元还是20元，带给用户的感受是不一样的。前者会让人觉得不超过20元，由此产生的感觉是便宜。后者因为是一个整数，而且十位数是2，因此会让人觉得贵。虽然相差只有5分钱，但用户的心理感受是不一样的。满足用户贪小便宜的心理，让他们觉得自己很精明，这也是一种娱乐化思维的运用。还有一种心理定价法，就是把产品价格定得比较高，这样才好卖。因为对于一部分有消费能力且过于追求享乐性的用户来说，他们就是要买到优越感，买到自尊心。

有关渠道大家可能会觉得这个是无法运用娱乐化思维的。但是，如果我们把渠道的终端纳入思考的话，娱乐化思维是同样可以运用的。在终端门店，你的店面形象如何通过艺术化、个性化、主题化的设计产生美，你的产品展示陈列如果做到艺术化、个性化、主题化，从而打动用户，你的终端服务如何以戏剧化、游戏化、体验化的方式去感动用户，这些都是娱乐化思维可以发挥作用的地方。

最后我们来看推广。促销我们可以理解为推广，在这个环节娱乐化思维能发挥的作用就更多了。广告、公关、营销活动的趣味化、艺术化、主题化、故事化、戏剧化，都为娱乐化思维提供了发挥作用的空间。

而当你充分运用娱乐化思维之后，同样的营销费用，所产生的效果一定会比传统营销好得多。因为娱乐化思维本质上都是通过一些娱乐化的手段来满足用户的娱乐性需求，满足用户的好奇心、爱美之心和自尊心，证明他们是有趣的人、有品位的人、有价值的人，从而给他们带来精神上的愉悦感和满足感。

更重要的是，娱乐化营销强调内容营销的重要性。在后面的内容中我们会专门讲到，所有营销都要内容化，所有内容都必须娱乐化。把营销变成具有娱乐性的内容，而内容本身是具有吸引力的。这样的营销，推广传播费用一定会比其他营销方式更低，且效果更好！

第三章

娱乐化思维八步法

　　下图是我的一个漫画家朋友笑脸兔的作品，你们知道这些画背后隐藏的是什么吗？没错。就是我们常见的二维码。无论水墨画、景物画还是其他风格的画作，它们都可以变成一个二维码。如果你的二维码名片，或者你的企业二维码名片变成这样的形式，会不会有趣很多，美观很多，并给你的客人留下比较好的印象？这个创作方法就用到了娱乐化思维中的趣味化、艺术化、主题化等方法。

本章中，我们重点讲解如何养成娱乐化思维。因为只有养成了这种娱乐化的思维，才能真正尝试落地娱乐化的实践。

我们说娱乐化思维是我们的大脑对参与商业活动的人、事、物进行娱乐性分析，并在此基础上综合得出一整套娱乐化方法的过程。

人的思维模式有很多种，娱乐化思维更接近于一个求解型思维。求解型思维是指我们要围绕某个具体问题展开思维，依靠已有的知识和经验去寻找与当前现状之间的联系或中间环节，从而获得答案，使问题得以解决。

娱乐化思维就是在已知什么是娱乐性的基础上，找出那些可以创造出娱乐性的方法，以及每一种方法可以创造出什么娱乐性，满足用户的什么娱乐性需求。

这就是一个求解型思维。

本章中，我们列出了创造娱乐性的八种方法，它们分别是：趣味化、艺术化、主题化、情感化、故事化、流行化、戏剧化、品牌化。

这八种方法，每一种方法都能制造一种或者多种娱乐性。

比如，趣味化就是为了制造趣味性。但也有一些方法是可以同时创造出多种娱乐性的。

比如，故事化就是一个趣味化、艺术化、主题化、情感化的集大成者，同时创造出趣味性、艺术性、主题性、情感性等。

另外，戏剧化也是一个集大成者，它可以包含趣味化、艺术化、主题化、情感化和故事化，同时创造出趣味性、艺术性、主题性、情感性和故事性。

第一节　趣味化：有趣将是商业最重要的事

如果有人提出这样一个问题：什么是商业最重要的事？

可以预见，不同的人会给出不同的答案。

喜欢雷军的小米粉丝可能会说是打造爆款产品；马云的粉丝会说是找到自

己的使命；街边小店的店主可能会说是找到一个地理位置又好又便宜的铺面；摆摊的摊主则可能会说，最重要的是城管不要来赶他。

总之，不同阶层的人对这个问题的回答都不同。

但商业活动就是一个交易活动，有一个供给方一个需求方，通俗点说就是一个买方一个卖方。因此，商业活动的主体也只有两个，一个是商家 B（Business），一个是用户 C（Consumer）。没有什么 B2B、C2C 和 M2C 之类的模式，只有一个 B2C。买方就是用户都是 C，卖方就是商家都是 B。

如果回到这个范畴来讨论商业最重要的问题，核心就是卖方如何能够更好地满足买方需求的问题。这样一来这个问题就可以用娱乐化思维的观点来回答，让用户买得开心快乐，获得最大满足感，这就是最重要的事了。

那么如何做到这一点呢？娱乐化，给客户带来娱乐性，因为娱乐性能够让用户感受到快乐！

而娱乐性的第一个特点就是趣味性。因此，从这个意义上来说，商业最重要的事情就是有趣！

商业就是要用有趣对抗无奇

既然商业只有商家和用户两个主体，那么对商家而言，有趣就是商家要提供有趣的产品和服务，打造有趣的品牌和企业文化。

从用户的角度来说，为什么要有趣呢？因为用户有好奇心的需求。

好奇心从字面上解释就是喜欢新奇事物的心理。

"奇"的意思是什么？

把有关"奇"的词列出来基本上就是答案了：

新奇、传奇、奇观、珍奇、奇异、奇葩、奇怪、奇形、神奇、奇妙等。要更好地理解什么是奇，我们可以先看看什么叫"不奇"，平淡的东西就是不稀奇的，就是没有什么好惊奇的。这种东西没法给人带来满足感，带来快乐。

换成经济学的语言就是，平淡无奇的东西是无法获得注意力的。注意力经济，没有注意力，就没有关注度，就不可能成为爆款，不会有商业价值。

比如深圳有一个酒吧名字叫 Frio 酒吧，如果不是事先知道你是找不到它的大门的。因为它的大门是一面破旧的砖墙上的一个红色冰箱，拉开冰箱门才能进入这个酒吧。就是这样一个设计，让它成了网红酒吧。即便用户不进去，也要在门口拍照分享。这就是趣味性的力量！

为什么趣味性能够满足人的好奇心呢？

趣味性就是使人愉快、使人感到有意思、有吸引力的特性。

平淡无奇的对立面是妙趣横生。有趣就是对抗无奇的法宝，是满足人类好奇心的最好方法。

但是趣味性也是有类型之分的，根据趣味性的来源不同，趣味性可分为感官趣味和精神趣味。前者是通过感官系统能够立即感知的趣味性，后者是指通过精神领悟到的趣味性。简单来说，感官趣味是让人觉得有意思，而精神趣味是让人觉得有意义。

知道趣味性的来源及分类，我们才能更有针对性地研究制造趣味性的方法。

好了，我们知道了趣味性是满足好奇心的解药就可以了。现在开始要说说如何养成趣味化的思维了。这也是娱乐化思维的第一个方法。

感官趣味的创意方法

用户有好奇心，所以要用有趣之道来满足他们。

感官趣味就是指要让人觉得有意思。而这种有意思是来自于感官所接受的信息。我们都知道感官系统包括人的视觉、听觉、嗅觉、味觉、触觉等。所以关于感官趣味的制造我们会给出两种方法和一个路径，它们分别是奇趣法和妙趣法，一条路径是由感官系统出发。

奇趣法：用奇异制造趣味

制造趣味性的第一个方法叫奇趣法，直白的解释就是用奇异来制造趣味性。

我们已经知道趣味性对抗的是平淡性，满足的是用户的好奇心。而改变平淡无奇的最好方法就是制造新奇的、异于寻常的事物。

所以，想要以奇异制造趣味性的第一步仍旧是先找到什么是平常的事物。

这样空说可能很难直观地理解,我们不妨把它具体到一个产品的开发上。

我们一起看看农夫山泉为杭州 G20 峰会提供的国宴级饮用水的包装是如何创新,如何制造差异化的。

首先是玻璃瓶设计,瓶身充满了东方美韵,与我们常见的塑料瓶包装区别开来。

其次,这款国宴级的农夫山泉天然矿泉水为了突出其高档性,放弃了瓶贴的做法,直接在瓶身上制作图案。因为水源地是长白山,所以瓶身上选择了长白山地区 4 种典型的动物、3 种典型的植物和 1 种典型的气候特征,并配以相关的数字和文字说明,每一个数字都代表了一个故事,使这个瓶子变成一个值得收藏的艺术品。

妙趣法：用美妙和巧妙制造趣味

制造趣味性的第二个方法是妙趣法。就是用妙来产生趣味。

什么是妙？

在这里我们可以把妙理解为美妙、巧妙、绝妙。因此，妙趣法就可以理解为通过美来创造趣味性。

美为什么可以创造出趣味性呢？

那是因为人有爱美之心，每个人都有审美偏好。美的东西能够给人们带来愉悦感，带来快乐。而所谓美和不美，其实是比较而言的。当我们认为某个东西美或者更美的时候，其实是已经找到了它区别于其他事物的不同之处。这其中已经有了异趣，也就是因为差异化，因为不同点而带来的趣味性。所以，通过美是能够创造出趣味性，创造出娱乐性的。

那怎么创造美呢？这个才是我们关注的方法要点。

设计的艺术：最简单直接地创造美

艺术最大的特点就是能够创造美。

如果你的产品是以艺术品的形式存在，它的外形、彩色、图案、制作工艺都带有艺术感，那它自然就自带美感，自带趣味性和娱乐性。

比如贝聿铭大师设计的很多建筑物就是一种艺术品，就是风景。所以，这些建筑是具有趣味性和娱乐性的。

再比如沈阳有一个景区叫稻梦空间，将水稻田种出了泰坦尼克号和小猪佩奇的图案，使其具有了一定的趣味性。

嫁接艺术：借用外来艺术

当然，并不是每一个产品和服务都适合以艺术品的形式存在。

或者说，并不是每一个商家都有设计艺术品的能力。当产品无法设计成艺术品，或者不适合用艺术品的形式存在时，借用外来的艺术也是一种方法。

无论是何种艺术形式，都具有产生美的能力。我们生活中最常接触的艺术形式包括：音乐、舞蹈、绘画、戏剧、影视等，都可用于我们创造美、创造趣味性。

也可以借用外来艺术来进行一次跨界艺术形式的营销活动。比如，你可以跟音乐跨界做一次形式独特、主题鲜明的音乐会。

当然，也可以以一个艺术作品的视觉授权来做推广。比如，把一个大师的美术作品用于产品上做装饰图案，或者推出一个特色主题的个性化产品。

有关巧妙的创意，乐瓜睡觉抱枕的例子。乐瓜睡觉抱枕有一款颈枕，它的设计有什么不同呢？为了便于这款颈枕的携带和清洁，乐瓜在颈枕上设计了一个带拉链的暗袋，拉开拉链之后，里面有一个布袋，翻开它就可以把颈枕收纳进去。这样你就可以把颈枕放到行李箱或者包里，不仅体积变小也不会弄脏。

是的，就这么简单，这就是妙趣法的创意。

精神趣味的创意方法

我们把精神趣味的内容概括为有意义。什么叫有意义呢？要理解什么是有意义，我们需要先理解什么是无意义。无意义可以理解为无聊，通常一个事物如果有情感、有道理、有价值、有故事，我们就会觉得这件事是有意义的，否则就会觉得无聊。所以，在这个基础上，我们总结出创造精神趣味的四种方法，它们分别是：讲情感、讲道理、讲价值、讲故事。

创造意义的方法一：讲情感

所谓讲情感，就是在创意内容中表达一种能为大多数人所接受的情感。

为什么讲情感就能够创造出意义呢？那是因为人是有情感的动物。我们常说自己被什么东西感动了，到底感动是怎么一回事呢？其实就是你的情感与某种外部投射进来的某种情感之间有了共鸣，也就是情感上的一种共情。用古人的话说就是：于我心有戚戚焉。

比如我们看电影的时候，常常会为电影人物身上的故事而感动。事实上，感人的不是故事，而是故事中的情感投射到我们的心里之后，我们内心产生了一种情感反射。如果这种情感也是我们所认同的，我们就会产生共鸣或共情。反之，我们的内心就会产生一种抵触或反感。

明白这个道理之后，我们就可以很轻楚地了解为什么创意需要讲情感了。当你能够在创意中注入一种能让用户轻易接受的情感，用户就会产生共情，然后就会感动，就会认同。

我们举一个广告创意的案例。台湾一家保险公司的视频广告中讲述了这样一个故事。故事的男主角是一个爸爸，他通过视频跟女儿说，他要跟女儿玩捉迷藏，但是这一次他要躲很久很久。等她吃完十次生日蛋糕的时候，妈妈就会告诉她爸爸躲在哪里。他说自己不在的时候，妈妈找不到他应该会哭，他嘱咐女儿要让妈妈开心，妈妈哭了就是犯规。最后的结局是爸爸因病去世了，他不想让女儿伤心，所以才用一个视频告诉女儿他要与她捉迷藏很久。

这个视频非常感人，尤其对于那些为人父母者来说，十有八九都会看哭。

从广告片的角度来说，我们认为这是一个很好的创意。好就好在它充满了浓浓的情感，这个情感就是一个父亲对女儿的爱与依依不舍。这是一种普通人都能接受的情感，因为我们不是为人父母就是为人子女。视频中的父女之间的情感投射到我们心中之后，我们很容易产生共鸣，于是就有了强烈的感动。

感动之下，我们就会对这个创意印象深刻，并且愿意将它分享给更多的人。就像我现在愿意把这个创意分享给大家一样。这就刚好达到了一个好创意想要实现的效果。当然，它也因此创造出了意义，创造出了精神趣味。

创造意义的方法二：讲道理

也就是说，要通过讲道理的方法创造出一番意义来。

我们知道"道"这个字在中国传统文化中的意义和分量，万事万物的规律我们都可以称之为"道"，称之为道理。

此外，道理还指支撑我们观点背后的理由和依据。比如我在跟大家讲创意的方法，那为什么需要创意，创意为什么要创造出意思和意义，为什么通过讲道理的方法可以创造出意义，分析这些事情，就需要讲道理，就需要找很多事实依据来支撑我的观点。

我们来看一个讲道理的广告创意。这是一则公益广告，想告诉人们不要再肆意地与动物争夺资源抢夺地盘。广告的画面是一队荷枪实弹的企鹅，在随时准备抵抗外敌的入侵。

这则广告想呈现的道理就是警告人类爱护环境，否则生态被破坏，对人类来说也可能是一种灾难。

你看，就是通过讲道理的创意方法，让人对于环境恶化带来的恶果有了一个更为直观的认识。这就是一个非常好的创意！

道理为什么对人那么重要呢？这是因为很多人的个人价值是建立在能懂一番道理或能讲一番道理的基础上的。一个人如果很擅长讲道理，尤其能把一个道理讲得深入浅出，我们会认为这个人特别厉害，认为他有知识、有逻辑、有深度、口才好等。总之，这是一个具有很多正向价值认同的标签。即便这个道理不是你原创的，你只是转述了一下这个道理，或者根据自己的理解重新解读了一下这个道理。你仍旧会被认为是有价值的、受尊重的。

因此，一个好的创意如果能够体现出一番道理，受众会很乐意记住你的创意，消化你的创意，最终转述你的创意。如此，你便是做了一个很好的创意，既创造了意义，又创造了趣味性！

创造意义的方法三：讲价值

讲价值可不是讲价格。当然，这里的价格与价值也不是政治经济学中的那些概念。这里所谓的讲价值，是指在创造意义的过程中要让特定的受众感受到自己的价值得到了认可。而在这个基础上你还能够输出某种价值观，使这种价值观也能够得到很好的认同。

为什么讲价值是一种创造意义的方法呢？其实很容易理解。人在社会生活中，在自己的生命历程中，都在不断地追求意义，追求意义到底是在追求什么？

其实大部分人都是在追求自己的价值感，或者说是存在感，也可以说成是追求自己存在的价值感。

追求存在的价值感是人一生的追求，否则他们对生活就会失去动力，或者只能成为一个蝇营狗苟的人。所以，我们总是要抓住任何一个机会来证明自己的价值，以此来加强自我的存在感。所以，我们看待很多事物的过程都是一个自我价值验证的过程。听别人分享，我们会从中找到佐证我们自身价值的部分，看一部影视剧或文学作品，我们也会从中寻找能够验证我们个人价值的信息。当我们看到一个创意物的时候，我们仍旧不能逃脱要从中寻找证据做自我价值验证的魔咒。

我们再举一个广告创意的例子。台湾一家银行拍了一则广告片叫《梦骑士》，讲述了一群身患各种疾病，离人生大限不远的老人，重新骑上自己年轻时常骑的摩托车，开始了环岛旅行。这个广告片非常感人，我们为什么感动呢？为梦想，为个人价值最后的实现。通过这个故事，我们会想到自己的价值，重新唤醒自己的梦想。想一想，我们都是有梦想的人。年轻人同样可以以此为镜鉴，告诉自己：我的梦想要趁着年轻实现，不给自己的人生留下遗憾。甚至短片会激发很多人马上行动去实现自己的梦想，实现自己的价值。

所以，在这个创意里，很多人找到了自己的价值感，同时它也传递了一种价值观。因此我们才会去讨论它分享它，认为它是一个很好的创意，也创造出了精神层面的趣味性。

创造意义的方法四：讲故事

通过讲故事的方法，把你要阐述的道理，要表达的情感，要体现的价值，统统以故事的形式呈现出来。只有这样，你的道理才有可能轻而易举地让别人接受，你要表达的情感才能走心，你要表现的价值才会被更好地感受。你也可以简单地把这个理解为寓教于乐，因为人们最喜欢的传播形式就是听故事和讲故事。

第二节　艺术化：用艺术的手法做商业

马云曾经说过，要用商业的手法做公益，用公益的手法做商业。因为马云觉得公益是出于使命，出于责任感的事。只有出于使命、出于责任感的商业，才能真正为这个社会创造价值，才能做得长久。

在娱乐化思维的概念里，我们提倡的则是：要用艺术的手法做商业。因为娱乐化思维的逻辑是：艺术能够创造美，能满足用户的爱美之心，能满足用户的娱乐性需求。艺术性属于娱乐性、如果你不能为用户创造美，便不能为这个社会创造美，因此你也就不能赢得用户的爱美之心，满足他们的娱乐性需求，你的商业便会因此失去竞争力。

虽然艺术听起来似乎不接地气，与日常生活稍有距离。实际上，生活中处处都有艺术。因为艺术来源于生活，只要生活还在，艺术之源就会源源不断。

另外，艺术性也是商业中营运范围最广的一种娱乐性。可以这么说，只要你用心，在商业的任何一个环节你都可以用到艺术，都可以产生艺术。

产品设计艺术化

产品设计属于工业设计，它是由技术设计、经济设计、艺术设计共同组成。虽然艺术设计只是其中一部分，但确实是能够让用户一眼就爱上它的最关键设计。因为它直接关系到产品的造型、用材、色彩和装饰，这些都是用户第一眼就能够接收到的信息。当然，艺术设计必须结合技术功能、操作功能，实现实用、审美功能的结合。对于偏重颜值的用户来说，很多时候是某个商品的外观设计的艺术之美所倾倒，因此产生了购买冲动。

大家都知道已成为网红的戴森吹风机，它的成功虽离不开技术的基础，但是设计上的艺术之美则是为更多普通用户所接受的直接理由。因为用户是看不到技术的，只能看到眼前那款居然可以中空的吹风机。工业设计师出身的詹姆斯·戴森非常重视产品的设计，这一点同苹果产品如出一辙。事实上就连对产品设计要求非常严苛的乔布斯也曾对戴森的产品赞誉有加。正因如此，戴森公司被誉为"家电界的苹果"，而戴森本人则被称为"英国的乔布斯"。很多人也正是因为被它艺术品般的设计所吸引而购买了戴森的产品。

我们在前文中曾专门提到娱乐化思维也是一种商业创新。将产品设计中融入艺术性，赋予产品审美上的娱乐功能，这其实也是产品创新的一种方式，而且这是最容易实现，也最容易获得用户感官认同的最直接方式。

品牌的艺术化

作为娱乐化思维的重要一环，艺术化的手法绝对不仅仅只可以用在产品设计上。娱乐化思维是系统性思维，所以，我们在考虑艺术化的时候，必须在更多商业应用上引入艺术化的方法。

品牌因为其本身就包含着设计的成分，因此也是最容易运用艺术化的商业场景之一。

对品牌稍有了解的人都知道，品牌最基础的构成是品牌名称、品牌符号、品牌识别等。因此在能看到的地方对品牌做艺术化的处理是最直接的方法。

品牌命名艺术化的要点之一就是：能够引发用户的趣味性联想。

为什么要能够引发用户的联想，因为你要想用户记住你，就不能以完全陌生的名字存在。完全陌生的名字就意味着用户的潜意识里根本没有这样一个名字，需要他重新把这个名字的信息输入到大脑中。如果你的产品也没有什么特别之处，无法给人留下深刻印象，外加你的品牌名字又十分陌生。可以想象到的结果就是，你的品牌转眼就会被人遗忘。

我们都听说过提高记忆的方法中有一个叫读音联想记忆法。很多人以前记不住英语单词的发音，于是会用中文读音来标注它。比如：Dart，飞镖，标注为打他，因为飞镖可以打他。这样联想着记，反而容易记住。

品牌名称也是一样，要能够让人产生有趣的联想，这个名字就会因此具备了艺术性、趣味性和娱乐性。

品牌命名艺术化的要点之二就是：陌生的熟悉。

是的，陌生中应该透露着熟悉的感觉，这样的品牌名称才会被人记住。

比如我之前曾经注册过一个品牌叫"知道分子"。直到今天，还有很多专门做商标和知识产权保护的公司打电话给我：请问你是"知识分子"的负责人吗？

出现这种说错品牌名字的原因出在哪里呢？因为知道分子是一个相对比较陌生的概念，而知识分子却是人们耳熟能详的一个概念。一看到有"知"，有"分子"，人的潜意识里马上就会调出"知识分子"这个信息。这也正是用户心智中系统1起作用的一个例证。

这个其实就是我们所说的陌生的熟悉。就是尽量不要用一个用户特别熟悉的词，因为那样会没有新奇感，因此也没有趣味性。更何况，如果是用户熟悉的词，你也几乎没可能找到一个还没有被人注册的。你可以选一个新词，但是这个新词又不能完全没有出处。它得有自己的文化根源、历史根源，有为用户熟悉的一面。只有这样它才会显得有趣，用户也才容易记住它，也更容易联想出它的意义。

相信大家应该也看到过其他的品牌命名方法，比如说品牌命名要直白、简单等。因为我们主要是在强调艺术化，所以，这些方法与我们所说的艺术化的方法并不冲突，可以结合使用。

终端门店的艺术化

在电商问世之后，用户接触商品的渠道被分为线下和线上两种。线下的是零售门店，线上的叫网店。因为这是用户购买前接触商品的最后一个节点，因此我们把它们统称为终端门店。在这里，我们以线下门店为例，讲一下终端门店如何艺术化的问题。至于线上门店的做法，其实有很多共同之处。只是需要把线下门店的实物改为线上的图片，外加一些适合线上体验的特有方式就可以了。

门店空间为什么需要艺术化？

因为这是用户接触你的产品的最后一站，他们愿意走进来，愿意多停留一会儿，会极大地促进你的商品销售。通过门店内外环境的艺术化，为用户提供一个新奇的、美的、舒适的环境，会增强他们走进来并多停留的冲动。如果你做得足够好，他们甚至愿意在消费之后拍照发自媒体，免费帮你做社交化的推广。这不是商家最想得到结果吗？

美国社会学家欧登伯格（Ray Oldenburg）提出过一个第三空间的概念，他把家庭居住空间称为第一空间，职场称为第二空间，而城市里的其他公共空间，比如酒吧、咖啡店、博物馆、图书馆、公园、商场等公共空间称为第三空间。从这个意义上来说，任何一个商品零售终端门店都是一个第三空间。谁能吸引用户把除了回家、上班之外的时间花在它的空间里度过，谁就有机会获得重要的商机。

有关第三空间的概念，星巴克已经在实践了。很多人把上班、回家之外的时间花在了星巴克里，在这里喝一杯咖啡，约几个朋友，甚至是处理一些在家、在办公室都无法处理的工作。你会发现星巴克其实卖的不是咖啡而是环境，很多人为了享受这里的环境而来到星巴克。因为在这个环境里，他们能找到一种属于喧闹中的宁静。尽管在中国市场遇到了瑞幸咖啡以及众多其他茶饮品牌的挑战，但星巴克第三空间的案例仍具有借鉴意义。

星巴克当然是一个特例，它已经拥有众多的粉丝。如果你经营的是一个不知名的品牌，如何能够让你的门店也成为第三空间呢？事实上，任何一个传统行业的门店都有可能成为第三空间，都可以输出属于自己的生活方式。

门店形象的艺术化

门店形象的艺术化包括门店建筑物本身和店面招牌的艺术化。在这个艺术化的过程中，要解决的问题主要包括以下几个：

一是如何能够率先吸引顾客的目光？

二是在顾客关注到你之后如何能够给用户带来美感？

三是如何引发用户进去一探究竟的好奇心？

解决了这三个问题，就能够成功吸引顾客进店。

这个时候，我们要用的艺术化方法包括：

（1）独特的色彩运用：要为你的门店形象选择一个特别有吸引力的颜色。这个颜色可以是经典色，也可以是你自己调配的，但是一定要给人一种视觉上的冲击力，让人忍不住多看几眼。

有自己独特的造型：除了颜色就是形状。你门店有什么样特别的线条，有什么特别的造型，这些都是在艺术化之前要跟设计师沟通的。案例：深圳网红酒吧Frio，用冰箱做大门。

（2）IP形象的运用：如果你有自己的IP，或者类似ZOO COFFEE的那种动物形象可以用在你的门店装饰上。

（3）特定文化元素符号：这个要看你的门店经营的是什么，有什么文化背景，这个文化背景的符号是什么。如果这是一种别人一看就知道的、有内涵的符号，你就可以用在自己的门店装饰上。比如，银川的虎克5S俱乐部，之前的主业是卖Jeep越野车的。后来他们开发了汽车山地越野路线虎克之路，开发了专门玩越野的虎克5S俱乐部。他们的门店就把吉普车标志性的前脸绘制在门店的外墙上，这个就是特定文化元素符号的运用。

内部环境的艺术化

一个做瓷砖和建材的同学向我咨询他的门店如何进行艺术化，尤其是内部环境的艺术化。因为在他看来，我就是卖瓷砖和建材的，这些瓷砖和建材，顶多干净一些、明亮一些，根本谈不上艺术。

我就问他，你的瓷砖中有没有艺术瓷砖？他说有。

我又问他，你的艺术瓷砖在店里是如何展示的？他说，也是和其他的瓷砖一样摆在那里。

其实答案已经有了，你有艺术瓷砖你都无法把它们的艺术性呈现出来。更不要说其他的瓷砖和建材产品了。

艺术化的前提是你有没有娱乐性思维，脑海中有没有艺术化的概念。如果有娱乐化思维，在没有任何艺术性可言的时候，你仍旧会在艺术性上花心思，努力去创造出娱乐性。

同样是瓷砖店，你完全可以把你的艺术瓷砖的艺术性通过一个相对独立的空间展示出来。用你的艺术瓷砖做墙面和地面的装饰，并且在这个空间里融入更多其他的艺术形式，比如茶艺，让客人坐在蒲团上或者席地而坐品茶，近距离感受一下你的瓷砖。

你也可以把其他瓷砖摆出艺术的造型，比如花瓣形的，或是一个建筑造型的。在整个空间里，辅以其他艺术形式，将它打造成符合你产品定位的一个生活空间。客户可以坐在这里喝茶、品酒、插花、聚会。

你或许会问，我又不是卖茶的卖酒的，我做这些合适吗？

我们不是要你去卖茶、卖酒，我们要的是顾客来到这里体验到跟其他地方的不同，记住你，体验到你产品的不同之处。所有艺术化，不是为了分散你的主营业务，而是为了突出你的产品理念，突出你产品背后的生活理念，为了更好地进入顾客的心智，让他们觉得你的产品是最特别的。

哪怕你是卖水管的、卖马桶的，只要你愿意娱乐化、艺术化，你都能找到跟别人不一样的方式来艺术化自己的门店，更好地提升客户体验。

一个门店内部环境的艺术化可以包括以下几点：

一是地面、墙面的艺术化；二是家具家私的艺术化；三是软装饰品的艺术化；四是内部商品陈列的艺术化；五是内部服务的艺术化。

商品陈列的艺术化有必要做进一步解释。有关装修、装饰的艺术化，你只需要把自己的需求说清楚，请专业的设计师就可以完成。最怕的是你想省钱，不愿意请好的设计师来做设计。

商品陈列的艺术化比较难做，因为这个本身是一个需要不断变化创意的事情。不是说一个创意可以一直用下去，一直都有用。你可以尝试做一个标志性的陈列，这个是整个店中的视觉焦点，可以长期使用。但局部的陈列还是需要不断变化，才会给顾客提供新鲜的体验。

这就要求我们要培养门店的管理人员有这个意识和能力，可以在特定营销节点对商品做出符合营销主题需求的陈列。

在这里我们举一个空间艺术化的案例。这是我的设计师朋友连君设计的位于广东肇庆星湖边的一个民宿，名叫星语湖居。

肇庆古称端州，是中国四大名砚之一——端砚的产地。这属于当地的特色文化，但怎么呈现这些端砚就是一种艺术。很多人能想到的就是将产品直接摆在展示柜里。但是连君却在大堂的墙壁上画了一幅巨大的水墨画，取名为"砚远流长"。画上有一条飘渺蜿蜒的河流，河中间有一些真正的端砚漂浮在上面。寓意这些端砚是穿越历史的长河而来。中堂画的两侧通常都会有一副对联，但连君却以两个巨大的毛笔嵌入墙内，形似一副对联。笔和砚都是文房四宝，如此配对，相映成趣，自有艺术之美，又有天马行空的创意之美。于是这个大堂就成为整个民宿最具设计感和艺术气息的地方，也成为整个民宿的亮点和客人必打卡分享的景观之一。

很多人开店为了省钱都是老板自行操刀设计。当然，如果老板本身是设计师也没什么问题，但是如果老板什么都不懂，这样的空间设计效果可想而知会怎样。在娱乐化思维看来，空间本身是产品或服务的一部分，是可以直接参与营销，对业绩产生贡献的。因此绝对不可以随便摆放，毫无设计感可言，更不要说有艺术感和美感了。

门店内部服务的艺术化也是一个难点。不要说服务艺术化，现在很多企业的线下门店连基本的服务都没有。进门之后想找个服务人员咨询都难，更不要说服务还要艺术化了。但这不是我们不能艺术化的理由，因为长期来看，所有没有服务的门店最终都会被淘汰。

内部服务的艺术化可以参考这样几个标准：服务人员的服装艺术化，服务人员的语言艺术化，服务人员的服务流程艺术化。

例如，一些江湖主题的餐厅，里面的服务员都是古装店小二的打扮，语言也是江湖话，连点餐上菜的过程都充满了江湖风范。这个就是我们所说的服装艺术化、语言艺术化和服务流程艺术化。

所以，艺术化的前提是找到自己的定位，给自己一个主题，然后在这个基础上进行艺术化。

在现实的落地运用中，艺术化的落地点还有很多，比如营销活动艺术化、文案广告艺术化、公司环境艺术化、公司文化艺术化，每一种都可以创造出不同的艺术性，而在这种艺术性中又能融合不同的主题、不同的审美、不同的情感和意义。艺术化绝对不能单纯地理解为在做营销的时候与一些艺术形式嫁接，那是最简单直接的艺术化。把你的产品、营销、企业文化、公司环境等要素全面艺术化，才是艺术化的最高境界！

第三节　主题化：为你的事业定一个主题

娱乐化的第三种方法是主题化。同样，这个主题化，也是贯穿于企业经营管理中每一个环节的主题化。也就是说不要仅仅想着你的产品主题化或者是营销主题化，而是在跟经营管理有关的任何一个环节都可以运用主题化来形成自己独特的差异化。

请先为你的品牌定一个主题

有关什么是品牌主题，其实在许多与品牌相关的理论书籍中也没有一个很好的解释，甚至很少被提及。品牌相关的理论中更多提及的是品牌价值，但我认为主题跟价值还是有区别的。要解释什么是品牌主题，我们先看看在品牌范畴之外主题是什么意思。

通常是在文学艺术创作中，以及一些社会活动中常常会提及主题。主题的概念在文艺作品中或者社会活动中是指这些作品或活动所要表现的中心思想。我们最常接触到的主题就是上中学语文课时老师常常让我们找一篇文章的主题，也就是它的中心思想。

把主题二字推及品牌之后，它本身的意思并没有改变。品牌主题同样是品牌的中心思想，只是这里的中心思想可以理解为核心价值。既然品牌主题也是核心价值，还有什么必要叫品牌主题呢？在娱乐化思维看来，主题和核心价值之间还是有很多不同的。

比如在讲到品牌故事的时候，品牌故事一定是用来诠释主题的，可以通过主题来突出价值。而在谈及品牌的外在呈现形式——品牌标识的创作时，你的品牌 VI 系统应该用来突出品牌的主题，用主题传递价值。所以，从这个意义上来说，品牌的主题其实也是品牌的外在形象和内在涵养一起组成的独特、鲜明、确定、易被感知的信息集合体。这些信息具有长期性和稳定性的特征，不会轻易发生变化。产品的主题可以随着时间和市场环境的不同而改变，但是品牌的主题在较长一段时期内都不会轻易改变。

品牌主题包含品牌定位和品牌口号，其实无论是品牌定位也好还是品牌口号也好，它们都应该在某个层面上突出品牌的主题。但这不是要求你的品牌定位直接写成品牌主题输出，也不是要求品牌口号直接用品牌主题输出，而是说它们不能背离品牌主题，至少要在某一个层面上是强化品牌主题、诠释品牌主题的。但在实际的商业操作中，很多品牌定位和品牌口号为了营销的需要，为了与竞争对手形成差异，往往就偏离了主题。事实上主题就是系统展现企业的核心价值观的，而真正能够称得上是价值观的主题并不多。

比如日本著名的袜子品牌 Tabio 的品牌主题就是一辈子只做高品质的袜子。但是从营销和传播的角度来看，好像不够有差异化，不够有冲击力，因为每个袜子品牌似乎都可以这么做。这就是我们对品牌的思维误区，我们总以为品牌的差异化和竞争力是通过营销得来的，不会深入去想品牌背后创始人对产品品质的追求才是品牌主题和品牌核心价值的基石。我们总想找到一个方法，让我们的品牌显得与众不同，或者通过营销传播让我们的品牌更具知名度。但是 Tabio 却很少花钱去做品牌，做广告，也不请代言人。但是它为什么仍旧能够做成年销 3000 万双袜子，年收入 10 亿元的细分市场的品牌呢？虽然它的品牌主题显得特别大众化，但是对这个朴实价值观的不懈追求与实践，才是做成真正意义上的品牌的核心秘密。

Tabio 是怎样坚持用实际行动来诠释自己的品牌主题、传递自己品牌价值的呢？

Tabio 的创始人越智直正可以随时从生产线上拿起一双袜子用嘴去咬一下，为的就是用不同的感官系统去感知袜子穿到脚上的感觉。他把袜子当成人的第二层肌肤，要确保 Tabio 提供这种肌肤般的舒适感，这就是 Tabio 对品牌主题的坚守。

此外，在 Tabio 的产品理念和品牌理念中，袜子就是足衣，是脚的衣服。因为脚同样是身体的一部分，而且承载着我们身体全部的重量，带着我们四处行走，所以我们为什么不能给自己的脚一件更舒适、更健康、更美的衣服呢？

正是基于这些平常人根本不会思考的问题，认为自己的前世是袜子的越智直正和 Tabio 品牌，就是要把袜子当成脚的最舒适、最健康、最美的"衣服"来做。

Tabio 品牌凭借这种对袜子品质的执念，做出了具有日本工匠精神的袜子，真正实现了完美包裹脚部，让人没有穿戴感，宛如人体的第二层皮肤。除了这种舒适感之外，Tabio 认为袜子同样要关注健康。

Tabio Sports 运动袜会专门与运动中心和运动员合作测试，它们的运动袜包括跑步系列、足球系列和高尔夫系列等。

此外，Tabio 的子品牌 Tabio Leg Labo 则是致力于提供可以长时间穿着的功能性袜子，不仅可以缓解脚部肿胀、预防脚臭，甚至还可以预防感冒。

在对袜子能够带来生活之美的追求上，Tabio 设有专门和艺术家合作的 Tabio Arts 高端品牌。Tabio Arts 经常会邀请艺术家们和自己联名合作，以创作艺术的精神来创作袜子。

日本著名的插画师长场雄、摄影大师森山大道、插画师五月女桂子等都曾跟 Tabio 有过合作。森山大道与 Tabio 合作的袜子上都是他的黑白摄影作品。而长场雄与 Tabio 合作的袜子则写上了左和右，这样用户在穿袜子的时候就不用再纠结左右了。这些设计不仅体现出美而且有了趣味性，Tabio 像设计时装一样来设计袜子，这是它们对自己品牌主题娱乐化的一个最好的诠释。

和艺术家们的联名款其实不仅仅是让袜子本身看起来更美，Tabio 更想传递的是一种生活美学。让人们把搭配袜子也当成是一门学问来对待。很多人并不具备搭配袜子的美学知识，甚至连这个美学意识都没有。

不仅是我们普通人，还记得 2007 年世界银行行长保罗·沃尔福威茨穿破袜子的照片上热点新闻的事吗？保罗·沃尔福威茨在准备进入土耳其一家清真寺参观时，恭敬地脱掉鞋子，令人大跌眼镜的是他的灰色袜子上竟然有两个大洞，两个大脚趾被尴尬地暴露在外。要知道，保罗·沃尔福威茨的年薪在当时已达到39万美元。就是这样一个大人物，竟然穿着露脚趾头的袜子。

所以，Tabio对于袜子的追求就是让人们学会穿袜子，不是把露脚踝当作时尚，学会搭袜子才会更时尚。也并不是每一个人的脚踝露出来都好看，但是露袜子一定会比较好看。Tabio希望女生的长袜不仅可以保暖，还可以搭配出不同的着装风格。而男生也要注重袜子搭配，让袜子完全可以像其他衣服一样，穿出自信感、品牌感。

经过这样一系列的诠释之后，你还会觉得Tabio的品牌主题很平常、很大众化吗？其实世界上真正有价值有意义的主题翻来覆去就那么几个。就像文学创作中的爱情主题一样，被人类创作了几千年，但仍旧是一个最受欢迎的主题，值得世人不停地反复去诠释、去解读。品牌的主题也一样，不在于主题是否新鲜，而在于你是真的用心在诠释主题，还是只想找个噱头做营销！

将你的管理主题化

管理的主题其实就是管理制度、管理方法、管理流程背后所体现出来的管理者的价值观。你为什么管理？管理想得到什么结果？这个结果是仅仅关注效率、关注企业的经济利益，还是更关注被管理者的感受、利益和价值，以及你的管理是否对这个社会有价值、有意义。

我们不妨看看被誉为经营之神的稻盛和夫创造的京瓷管理哲学。京瓷的经营管理理念是：在追求全体员工物质与精神两方面幸福的同时，为人类和社会的发展与进步做出贡献。

这就是京瓷的经营管理哲学，也是他们经营管理的主题。因为有这样一个主题存在，所以任何有关经营管理的事，都会按照这个主题或中心思想来行事。无论是他们的管理制度、管理沟通方式，还是对待产品开发、对待客户诉求、对待环境保护的方式，都会以此为依据。

河南省有一个企业叫胖东来，这个企业的经营管理主题是：培养健全的人格，成就阳光个性的生命。在这个主题之下，企业为员工制定的行为准则主要包括两部分，一是扬善，二是戒恶。在这两点之下，又分出很多细小的行为准则，但无一不是围绕大的管理主题。

说到这里，各位企业家和管理者可以回顾一下自己的管理制度。你的管理有主题吗？你的管理制度中包含的是什么样的价值诉求。

我相信，大部分企业的管理制度都是抄袭其他公司而来的，而且在制定的时候根本没有考虑过管理主题、管理的价值观，更不要说管理制度的剧本化了。大部分企业管理制度的价值诉求就是让员工听从工作安排，提供工作效率，在有限的时间里创造更大的价值。至于员工本身的感受、利益、价值等，从企业的文化建设、薪酬福利、培训费用等就能看得出来——不是那么重要！

这也正是很多企业觉得员工难管的原因所在，因为你的管理没有主题，或者你的主题就是关注企业自身的利益。这样的管理是一种单向的管理，完全不顾被管理者的感受和利益，所以你永远都觉得员工难管理。而有管理主题的企业，他们管理的价值诉求通常都是首先关注员工的物质和精神需求，也就是娱乐化思维中的实用性需求和娱乐性需求，然后再关注对社会的贡献。员工的实用性需求和娱乐性需求都能够从企业的经营管理中得到满足，员工的所作所为都是为了自己利益，也就不存在所谓难管理的问题了。

管理主题不是凭空想象出来的，而是来自公司的经营管理理念。松下幸之助说：事业经营最根本的是"确立经营理念"。确立经营理念能够解决两个问题，一是这个公司是为了什么而存在的问题，二是这个公司应该用怎样的方法开展经营的问题。有了经营理念，你和你的团队才知道你们奋斗的事业的价值何在；才能明白在日常的经营中该如何围绕这个目标展开工作。我们所谓的管理主题，其实就是企业经营理念的一部分，它一定是围绕经营理念展开的。

所以，想要有管理主题，必须先树立经营理念，而且是正确的经营理念！因为经营理念就像是一辆行驶中的列车，方向错了，速度再快都没有意义。所谓正确的经营理念，一定是扎根于正确的人生观、世界观，符合我们的自然法则。说到这里，我们的企业家可以先思考一下自己的经营理念了，你的经营理念源于怎样的人生观和世界观，是否符合自然法则？

我们看一下松下幸之助先生的经营理念的形成过程。在1927年前后，松下先生因为阅读到美国汽车大王福特的传记，为其对事业的使命感而深受感动，当时就醒悟到"企业是共有物"，而不是自己的私产。从那个时候起，松下电器就开始在经营过程中考虑同行、客户、政府、员工等的相关利益,而不是仅仅从企业利益的角度考虑经营问题。

多年之后,松下PHP研究所把松下先生的经营管理理念总结为"实事求是之心"。松下先生的实事求是之心就是他的管理主题。在实事求是之心下,有十个检验标准,它们分别是:不为私心束缚、积极倾听、宽容、看清事物本质、明白事理、向一切学习、从心所欲、平常心、懂得价值和博爱之心。

有了这个主题,经营管理工作中的任何事,都可以以此为参照。当遇到无法解决的问题,都可以从中寻求答案。这就是管理主题的作用,而不是每个人都有自己的偏见,都有自己的私利,然后都为此据理力争!

第四节　情感化:为你的生意注入情感

很多人看到标题中"为你的生意注入情感"这句话,可能会有这样的疑问:我们听得最多的话就是不要在你的生意里掺杂情感,生意归生意,情感归情感,本书为什么要说为生意注入情感呢?

情感是你做好一件事的必要条件

的确,"生意归生意,情感归情感"这句话更常见,但是它跟我们这里所说的情感不是一回事。这句话的意思主要是指不要跟亲戚朋友做生意。跟有情感关系的人一起做生意,往往会生意不成,感情也不在。

我们这里的情感首先是指你对生意的热爱,我们认为做自己热爱的事是做好这件事的前提条件。当然,每个人都可以说我热爱挣钱,所以我对自己的生意是热爱的。我们当然也不是指热爱挣钱这方面,而是指你对自己所做的事情充满了热爱。这个热爱首先来自于你对这件事的兴趣,它是你真正感兴趣的事。另外是指你非常认同这件事的价值,觉得这是一件有意义的事,这是一件值得你全身心投入去做的事。

为什么热爱之情很重要呢？这是因为只有你热爱一件事，你才能把这件事干好，干出跟其他人不一样的结果。否则，它对你来说就是一个赚钱的工具。就像我们招聘一个职业经理人，如果他根本不热爱这个职业这个岗位，他就是为了工资来谋一份差事，你也一定不会认为这样的人能够出色地干好他的工作。老板不喜欢员工不热爱自己的工作、自己的事业，老板本身也更应该如此。

而且，你的热爱是会传染的。你热爱你的事业，你乐意奉献你的全部精力于这份事业，你的员工是能够感受到的。如果你只是想要赚点快钱，你的员工多半也会是这个态度。所以，不要以为热爱之情不重要。

在前文中把自己的前世想象成是袜子的越智直正老先生，之所以把袜子的生意做成细分领域的隐形冠军，完全是因为热爱。否则，世界上一定没有Tabio这个袜子品牌，它也就更不可能成为袜子界的艺术品。

热爱是你能够把自己的事业做到极致的一个前提条件。另外，从营销的角度来看，你对产品的热爱用户是可以感知到的。正是因为越智直正对袜子的热爱，以及由这份热爱带来的对品质的坚持，用户也才会觉得这真的是世界上最好的袜子。将热爱传递给用户，感动用户，就是生意成功最大的秘密。

情感可以是你的产品中最值钱的部分

我们说娱乐化思维的根在娱乐，所以娱乐产业的很多理念和方法，娱乐化思维都会将它们借鉴到娱乐业之外的商业应用中来。比如，娱乐产品中的情感元素可以是它最值钱的一个价值构成。

2019年有一部国产电影《少年的你》。这部由香港导演曾国祥执导的校园霸凌题材的电影，上映10天就拿下10多亿的票房。仅从票房来看，这是一部非常成功的电影。

要知道，这才是曾国祥执导的第二部大银幕电影主演。主演周冬雨和易烊千玺在这部电影中展现出了精彩的演技，但这都不是我们这里要讨论的重点，我们想说的是这部电影的故事所传递的情感。一部电影的优劣演员的演技固然重要，但是如果没有一个好的主题，没有围绕这个主题展开的故事所表达出来的情感，无论演员都多优秀，往往都难以打动人。

电影中的故事为何能打动人？

这个过程不外乎就是电影的主题是我们高度关注和认同的，而通过故事表露出的情感投射到我们的内心之后，我们也能够发自内心地认同，并将自己的情感投射到主角的身上，随着他们身上故事的发展，自己的情感也不断产生波动。这个情感互动过程，非常清晰明了。

我们常说产生共鸣，其实说的就是情感共鸣，更准确地说是共情，就是你跟剧中的人物产生同样的情感。而这些情感就是电影这类产品的卖点之一，尤其是爱情、亲情主题的影视作品。

但这跟我们商业社会的非娱乐产品有什么关系呢？

在消费升级时代，很多消费者的消费就是为了创造个人身份的独特性。因此他们对产品的实用性价值的关注度在降低，影响他们购买的往往是产品附带的情感、趣味、主题、美、艺术、自尊等娱乐性价值。只有这样，你的产品才有特点，有温度，才能够赢得消费者的认同。

更重要的是情感在不同人的心中的投射与反射是不同的。因此才会有人说，一千个人心中有一千个哈姆雷特。

但是怎样才能做到这种不同呢？电影无疑是一个很好的借鉴。有人可能会问：我们的产品不是电影，怎么能够跟电影类比呢？是的，你的产品不是电影，但是它同样可以有情感表达。而且这个情感也同样可以是源自一个关注度和认同度都很高的社会话题。

但前提是你要对自己的事业充满情感，然后你的产品你的品牌就有了故事，这个故事里一定有你的创作初心，有你的挫折，有你的坚持，有你的爱恨。这样一来，你的故事里就包含了很多情感，这些情感就可以引起用户的共鸣。

说到这里，很多人可能会问：你说的这个是不是贩卖情怀？是的，有些生意是贩卖情怀的，但是我们这里的情感的含义不仅仅包含情怀这一点。创始人对自己的产品、事业的坚守与热爱，这些本身都是非常动人的情感。它也是一个产品和品牌中最能引起用户共鸣的部分，也是最值钱的部分。而且，只有当你的产品和品牌具有情感性的时候，它才会显得很高级。反之，没有温度的品牌与产品，就说明你的事业仍有提升的空间。

想想 Tabio 的产品和品牌中是不是有很强烈的情感元素，再想想华为的产品和品牌中是不是也充满着浓浓的情感？外加华为这个品牌刚好又因为在 5G 方面的强劲发展势头而遇到了美国的围剿，它的抗争精神以及独立自主的研发能力，都在很大程度上激发起中国人的爱国之情。你不得不承认，这些情感元素是有助于华为的品牌推广和产品销售的。这些都可以归为情感元素在商业上的成功运用，也可以说情感元素是品牌中最核心的价值组成部分。

除了这些品牌之外，我们所说的设计师品牌、奢侈品品牌，都有着强烈的情感元素。设计师本人对产品和品牌的热爱之情、专注之情、对美的不懈追求、对用户至上理念的坚守等，都是品牌的核心价值。总之，凡是倾注了情感的生意在用户的心中都会因此显得更高级。反之，那些没有情感的生意在用户心中难以留下深刻的印象。

情感的高级性和复杂性

我们在上文中不断提及情感让你的产品和品牌更高级，让你的生意更高级，很多人可能不以为然：为什么有情感就高级，没情感就不高级呢？有什么依据吗？

是的，高级与否当然不是我们一句话来定义的，自然要有它的存在依据。

情感的高级性首先体现在它是属于精神的范畴。相比物质，情感是一种更高级的存在，或者说它是物质的更高级运用形式。因为情感也是大脑运动的结果，是对客观现实的一种反映形式。

其次，情感的满足是人的高层次的需求。从马斯洛需求层次理论来看，情感需求是排在人的生存需求、安全需求之上，属于较高层次的需求。在基本的生存和安全需求解决之后，人才会对情感有需求。而且，这里的情感需求不能简单归为是社交或归属感的需求，在尊重、审美、好奇心和自我实现需求中，也都含有情感需求的成分。因此我们认为情感是属于人的高层次的需求，所以，当你的产品或品牌有情感元素时，就意味着它能够满足人的更高层次的需求。

再次，情感之所以高级的原因在于它的复杂性。它的复杂性不仅在于它的是大脑中物质运动的产物，更在于诱发大脑物质产生运动，进而产生情感的原因是复杂的。情感的产生方式复杂、产生原因复杂，且每个人对待情感的态度不同，情感反过来对人的行为的支配也很复杂。

所以，尽管我们不能完全理解情感的秘密，但是我们必须承认它是复杂的、高级的存在。那么如何通过在产品、品牌、消费场景中赋予一定的情感元素，让用户的消费满足感更为强烈，才是娱乐化思维要研究和解决的问题。

第五节　故事化：做生意就是讲故事

人类对故事有着强烈的需求

说做生意就是讲故事，很多传统的商业人士估计会笑出声来。如果你也是其中笑出声的一员，那就是属于严重缺少娱乐化思维的商业人士。

我们说做生意就是讲故事，这是一个相对通俗易懂的说法，如果套用美国著名编剧罗伯特·麦基在《故事经济学》这本书中的说法，那就是"一场商业战略就是一个等待发生的故事"。在擅长讲故事的罗伯特·麦基看来，商业战略就是故事，而广告营销更是故事。那么为什么人人都爱听故事，人对于故事的需求为什么会存在呢？

我们曾经听过很多人说自己不喜欢阅读、不喜欢看电视、不喜欢看电影，但是似乎没有什么人说自己不喜欢听故事。人为什么喜欢听故事呢？这恐怕跟人的遗传基因有关，因为我们的祖先在有了语言之后就开始讲故事了，对故事的热爱深深地烙印在人类的历史和基因中。

企业家演讲时，讲一个故事会更容易说明道理，也更容易因此受欢迎。老师上课时，通过讲故事的方式进行，便可达到寓教于乐的目的。大人教育孩子的时候，与其苦口婆心地讲道理，不如讲几个好故事。我们想起某个朋友的时候，也会想起他的故事。我们在介绍某一个人的时候，也会讲他的故事。总之，人们对于故事的热爱体现在生活中的方方面面。而且，这种热爱是来自于基因的，在你不知不觉间就已经存在。即便你不会讲故事，但是你一定会热爱故事。

人类对于故事的这种热爱，让我们在做商业考量时，绝对无法忽视。要知道，商业就是要探索用户的需求，满足用户的需求。

我们是通过故事认识世界的

古代智人是如何认识并记录这个世界的？一定是通过故事。在文字还没有出现之前，我们对于世界的记录主要是通过口述的故事来完成的。古代智人想要认识现实之外的其他世界，也同样是通过故事来进行的。

即便是人类文明到达了现在这个阶段，我们对于世界的很多认识仍旧需要借助故事的形式。比如，我们对于人类过往文明和历史的认识，借助故事往往能留下更为深刻的印象。

同样，我们对于某一个具体的人的认知，也都是借助故事的。他的所作所为，他的一言一行，最终都会通过故事的形式存在下来或传递出去。接受者也都是先听他的故事，再从故事中发现他的其他相关信息。相反，如果不通过故事的形式来呈现，反而会让人觉得你的介绍或描述不够具体可信。在企业家的个人品牌打造中，最核心的环节也是故事环节。你能讲一个什么样的故事，就能塑造一个什么样的人。而且，所有成功的企业家，都离不开一个属于自己的传奇故事。

当然，我们最终要回到商业领域来讲故事的意义。同样的道理，我们对于一个企业的产品和品牌也是通过故事来认识的。

比如，我记住了一个美国做帆布鞋的品牌 TOMS 就是因为它的品牌故事。这个品牌的创始人是美国一位非常有才华的设计师 Blake Mycoskie。在一次去阿根廷的旅途中，他发现当地的小朋友需要步行数英里去寻找清洁水源或去上学，但很多小朋友却没有鞋子来保护双脚。于是他决定为当地人以及全世界更多缺少鞋子的人提供帮助。他以阿根廷当地传统布鞋为灵感，成立了 TOMS 这个品牌。TOMS 来自于英文 Tomorrow's Shoes，意思是明日之鞋。TOMS 承诺，每卖出一双鞋子，将会免费送一双鞋子给阿根廷、南非等地需要鞋子穿的孩子。因此，它们品牌主题就是"One for One"，意思是你买一双，他捐赠一双。

虽然我不穿帆布鞋，不是 TOMS 品牌的用户，但是对于这个品牌我却印象至深，经常在不同场合将其分享给其他人。原因就是被这个品牌的故事所吸引，被这个故事中所呈现的创始人的价值观所感动。

看到这里，我们不妨想想自己的品牌，我们的品牌和产品有这样的感人故事吗？如果没有，也不用气馁。因为这就是我们提升的机会，也是我们学习娱乐化思维的收获。既然用户都是通过故事来认识世界，认识我们的产品和品牌，认识我们的企业家，那我们只要树立讲故事的意识，给用户提供好故事就可以了。

不会讲故事的营销都将被用户抛弃

既然我们每个人都喜欢听故事，都是通过故事来认识品牌和产品的，那接下来我们就有必要思考这样一个问题：故事在商业中到底应该如何运用？会有什么样的价值？

故事在商业中的运用首先是在营销方面。想要将你的产品信息推而广之，无外乎有这样两种形式。一是通过广告宣传，二是通过公关来扩大影响力。

有关广告和公关在营销中的作用，美国营销大师艾·里斯及其女儿劳拉·里斯在2002年出了一本书名叫《公关第一广告第二》。书名也就是作者的核心观点，也就是说在2002年的时候，他们就已经认为广告在营销中的作用越来越小，而公关的作用正在越来越大。

为什么广告的作用越来越小呢？因为广告的功能本来就是为了吸引用户的注意力，但是随着用户每天接触的媒体发生了变化，用户的注意力也发生了变化。用户原来获取信息的来源主要是通过报纸、杂志和电视等媒体，那个时候的信息量相对现在而言实在太少了。所以，那个时候的用户在无聊时甚至连报纸的夹缝广告都要仔细多看几遍，对电视广告也会目不转睛。但是随着互联网和移动互联网的兴起，信息呈爆炸式增长，人们每天都生活在被信息轰炸的状态下，只愿意关注自己感兴趣的信息，对自己不感兴趣的信息会选择无视。

就是在这种情形下，广告的效果，尤其是硬广告的效果越来越差。以前的广告人和商家都认为通过广告轰炸，在广告中反复重复自己的商品信息，就可以起到广而告之的作用，就能够让用户因此记住自己的品牌和产品。但现在的情况却是，在电视上看到不喜欢的广告人们会直接换台，在互联网上看到不喜欢的广告人们会直接屏蔽或忽视。

以我个人的经验为例，我是爱奇艺、优酷、腾讯视频、PPTV 的 VIP 用户，我之所以要买这么多 VIP，就是因为我不喜欢看广告。我相信很多人跟我一样，是出于对广告的讨厌而购买视频网站的 VIP 会员资格的。

这些现象都一再提醒我们，现在的广告越来越招人厌了，用户对广告的讨厌程度足以让他们为之付费购买屏蔽广告的服务。在这种情况之下，如果你的广告仍旧很生硬，那结果就是你花钱投放的广告会被用户甘愿花钱忽视掉。相信这种情况是商家不愿见到的，但是要如何解决这个问题呢？那就是把你的广告变成内容，而内容的核心之一就是故事。

美国著名的视频网站 YouTube 在成立十周年之际，曾发起过一个过去十年观众最喜欢看的广告的评选。在这个评选中获得前几名的广告，无一不是包含一个好故事的广告。比如获得第一名的就是著名球星梅西和科比为土耳其航空所拍摄的广告《The Selfie Shootout》，它在 YouTube 上的播放量高达 1.4 亿次。

有关通过广告讲故事的营销方法，还有很多品牌都做过很好的尝试。比如德国著名的汽车品牌宝马，就曾邀请过众多的国际知名大导演为它拍摄广告片，包括中国导演李安、吴宇森和王家卫。例如，2001 年李安为宝马 5 系拍摄的广告片《Chosen》，完全是一部好莱坞大片，同时也充满众多东方神秘文化元素。宝马的这一系列好莱坞大片级别的广告片在当年的 DVD 时代，成为众多 DVD 发烧友的收藏之作。在这些广告作品中，故事都成了最大的卖点之一。

如何讲一个好故事

只有知道了好故事的标准，你才能在故事创作中找到正确的方法。

要知道什么才算是好故事，我们必须先要了解人们喜欢听的故事有哪些特征。

故事中有什么是让人欲罢不能的呢？答案是故事中的情节能够满足听者的好奇心。我自己小时候在晚饭后喜欢听长辈讲故事，尤其是鬼故事和一些传奇故事。即使听得浑身发毛，吓得不敢去厕所，但仍旧想听。这中间就是好奇心在发挥作用。故事中的情节能够满足我们的好奇心，所以我们愿意听。假如一个故事是你耳熟能详的，再听到时你便会发现新鲜感大不如前，便不再喜欢听了。这也充分证明了当这个故事不能满足你的好奇心的时候，故事的吸引力便下降了。

所以，好故事的第一个特点就应该是有新奇特的故事情节，这个情节要超乎我们日常的生活常识和正常预期，能够满足我们好奇心。只有具备这样的特点，人们才会对你的故事产生兴趣，有听下去的欲望。如果一个故事听了开头就已经能预测到结局，通常都不会是好故事。

好故事的第二个特点是有特点的主题和情感表达。例如 TOMS 的主题是"One for One"，意思是你买一双，他捐赠一双。而且这个主题是有特定的情感表达的，它传递了一种对贫困地区儿童的关爱之情。

好故事的第三个特点是故事要传递价值和意义。人是一种很奇怪的动物，连听故事时也在追寻意义。比如在看电影时，如果这个电影故事只是图热闹，但是并没有传递出任何价值观，也不能带来任何意义，我们就会觉得这个故事比较低级。只有当一个故事能够传递价值观，表达意义的时候，我们才会认为这是一个高级的故事。

好故事的第四个特点是能够提供艺术性和审美。讲故事本身就是一种艺术，用艺术的形式讲故事，那就更是艺术中的艺术了。所以，你的故事必须具有艺术性，因为艺术也能带来美。这个艺术性，也自然包括美的艺术。

很多人可能听到艺术性就有点找不到落脚点了，以为艺术是很虚的东西，其实不然。故事的艺术性可以是故事结构的艺术性，比如你用一个倒叙的方式去讲，先讲结局的高潮部分，然后再讲开头，这也是一种叙事的艺术。再比如讲故事的语言也可以有艺术性，你用通俗的语言讲还是用比较有诗意的语言讲，也是一种艺术。此外，故事表达情感的艺术，制造悬念的艺术等，都是故事的艺术性。

所以，讲故事也是一门学问，需要去学习专门的技巧，并且要通过实践反复练习。

讲谁的故事才会有吸引力

相信很多之前对故事不甚了解的读者，一定会有这个疑问，总觉得自己没有什么故事好讲。既然故事这么重要，必须要讲，那到底该讲谁的故事呢？

在解答这个问题之前，我们还是得先了解讲故事的目的所在。从前文的内容中我们可以了解到，讲故事是我们商业上做营销的需要。原来的广告理念不好用了，反复轰炸式的广告更容易招人讨厌。所以把你的营销内容化，再把你的内容故事化，这样才可以吸引用户对你的广告信息产生关注，产生兴趣，甚至能够借助故事引发他们的某些情感共鸣，让他们因此产生购买的冲动。

从这个意义上来说，故事在营销中的作用其实就是为了吸引用户的关注，唤起用户的情感共鸣，激发用户价值上的认同，并让他们从每一次购买中都再次强化这种价值认同。既然如此，那我们就应该可以知道，你的故事必须跟你的企业有关，跟你的产品有关，跟你的用户有关。这样一来，故事的主角就找到了。

第一，故事的主角可以是品牌的创始人。创始人创立品牌的初衷如果有能够引起用户兴趣和情感共鸣之处，那就会是一个好故事。

品牌创始人作为故事主角的好处是，如果创始人的故事可以打动用户，那就意味着品牌可以赢得用户的价值认同。所谓的品牌，在没有进行人格化之前，它的个人形象就是创始人的形象。创始人的情感、价值观会直接体现品牌的情感和价值观，他的故事也就是品牌的故事。因此，讲好品牌创始人的故事，是每一个品牌都需要做的事。

但是大家一定要注意一个问题。讲好品牌创始人的故事，不是说你要为品牌创始人编造一个感人的故事，而是说你的品牌创始人创业的初衷、创业的梦想等，本身就是充满了故事性的。我们只是要从这些素材中提炼出更能为用户所感知和接受的部分。但是很多人误把品牌故事当成一种文学创作，这样的品牌故事就不会有什么传播价值。

第二，故事的主角可以是你的团队。因为团队与你提供的产品和服务直接有关。团队在提供服务的过程中付出了什么，他们的愿景是什么，这些都跟用户直接相关。所以，讲好团队的故事也是非常重要的。而且对于团队来说，能够成为营销故事的主角，这本身也是一种激励。

第三，故事的主角可以是用户。相比前两个主角，我们认为这个故事的主角更重要。因为讲用户的故事更容易引起用户的认同感，引发他们的情感共鸣。而且，当用户成为你的故事的主角，他们就会对分享这个故事有了动力。

很多人在讲故事时容易忽略用户的故事，其实用户故事才是取之不尽的故事素材库。因为创始人的故事不能每天更新，员工的故事也数量有限，但是用户的故事却相对很多。无论从故事的丰富性上来说，还是从故事的认同感上来说，用户的故事都会是一个很好的选择。

第四，主角可以是你的合作伙伴。顾客至上，合作伙伴至上，员工至上，才会形成一个良好的企业文化氛围。而且，你重视合作伙伴的利益和价值，讲他们的故事，首先会赢得这些合作伙伴的认同。其次，用户也会从这些故事中感受到与众不同的价值取向，从而对你的产品和品牌更加信赖。

从品牌价值的角度来说，故事其实起到了信任背书和价值传递的作用。讲好你的故事，能够让用户更信任你，认为你更有价值。

说到这里你是否发现我们似乎忘记了讲产品的故事？是的，我们没有说要讲产品的故事。是因为在娱乐化思维看来，产品只能是故事中主角所使用的道具，它们不是故事的主角。但是不要小瞧了道具的作用，好的道具不仅能够推动故事的情节发展，还能够帮助主角更好地演绎故事的主题，传递故事的情感。

所以，请记得在讲这些故事的时候把你的产品和品牌当成道具运用在故事中，只有这样你的故事才完整，目的才更明确。要记住，我们不是专业的编剧要去讲一个得奖的故事。我们要的是用户的褒奖，感动他们、说服他们，这才是我们这里所说的故事的核心作用！

第六节　流行化：制造流行或紧跟流行

养成娱乐化思维的第六种方法是制造流行或紧跟流行。意思是你一定要想方设法让自己的产品和品牌变得畅销成为流行，只有这样它们才可以满足用户的娱乐性需求。在我们说到娱乐的特点时就曾提到，流行是一种娱乐性对于流行的追求，拥有流行的事物，会让用户收获心理上的满足感，给用户带来快乐。

你一定要让自己的商品成为流行

最好的商业一定是能够成为一种现象，也就是我们这里所说的流行。福特汽车、松下空调，都曾经成为一种流行。随着人类生产力水平的提升，以及随之而来的物质丰富，想让自己的产品成为流行越来越难了。

即便如此，仍旧有很多划时代的产品成为一时的流行。比如，苹果手机成为一种消费文化的象征。特斯拉电动车也成为一种社会现象，特斯拉几乎成为优质电动车的代名词。

但是我们这里的流行又不仅仅局限于产品的流行，也指你的营销可以成为一种现象，制造一种流行。如果你能够让自己的企业文化成为流行，营销活动成为流行，你的产品也有望成为流行。最理想的状态当然是这三个方面都能成为流行，如果目前做不到，你至少在其中一个方面努力，使其成为流行。可以这么说，成为流行可以作为商业上的一个目标存在。

为什么要成为流行？因为流行往往跟时尚和热点有关系，它是一种社交货币，拥有它、分享它会让用户因此显得与众不同。什么是社交货币呢？就是能够让你在社交场合增值的一些东西。它可以是一些热点的新闻话题、一些流行的语言和动作，或者是一些流行的商品。在社交场合，你分享这些话题，说出相关的语言，做出相关的动作，或者拥有这类商品，会让人对你有一个好的印象，获得某个身份标签，让你受到某种关注，以致满足你的某些虚荣心。也是因为这个缘故，其他人也会因为想拥有这些社交货币而关注这些热点话题，进而想拥有这些商品。

用娱乐化思维的方法制造流行

在娱乐化思维的概念里，用户的需求只有两种：实用性需求和娱乐性需求。而流行所满足的，正是用户的娱乐性需求。而且它几乎满足了用户的所有娱乐性需求，这其中包括用户的好奇心、审美、情感、尊重以及对意义的追求。至于前文中所说的社交货币，其实就是能够满足人们的好奇心、审美、情感和尊重需求的事物，但是最终人们在社交中追求的是尊重需求的满足。

我们分享一种有趣好玩的东西，表面上满足的是听者的好奇心，实际上是也满足了分享者的自尊心，让自己在别人面前显得涉猎广泛见识很多。我们分享美的事物给别人，同样是这个逻辑。表面上是满足了对方的审美需求和好奇心需求，实际上也是满足了我们自己的自尊需求。

所有这些社交货币的作用就是让人们在分享这些事物时显得自己特别与众不同、特别优秀、特别新潮，或者让人联想到他是某一种人，总之都是为了突出自己与众不同的优越感。优越感的背后，其实就是人有自尊的需求需要满足。

娱乐化思维八步法中的趣味化、主题化、艺术化、情感化、故事化、戏剧化、品牌化这七种方法，都能够帮助我们制造流行。

必须给流行找到一个诱发因素

虽然我们知道制造流行的方法，但是实践起来仍旧是一件非常难的事。有时候你会发现很多流行是具有偶然性的，有碰运气的成分在里面。因为即便你知道方法，如果缺少一个外在的诱发因素，想要流行起来也是很难的。

比如，2008年的时候有一部电视剧《蜗居》很火，火到成为热门话题，成为我们所说的流行现象。这部电视剧的流行背后就有一个大的诱发因素。这个因素就是大城市的房价已经到了很高的地步，很多白领的房贷压力很大，全社会有一种被房价压迫得喘不过气的感觉。这个压力就是一个情绪的阀门，《蜗居》的播出，直接砸到了人们的情绪阀上，人们积压的情绪一下子被打开了。于是，边看电视剧边感慨讨论就成了一种流行。

其实影视作品中的这种流行大多数都跟诱发因素有关，所以才会让我们觉得偶然性特别大。或者说仅仅从作品的角度来评价，它是不应该能够制造这样大的流行的。比如吴京导演的《战狼2》总票房接近57亿元人民币，但是两年前的第一部《战狼》的票房不过5亿多元。十倍之多的票房差距是电影作品本身水平的真实体现吗？显然不是的，原因在于《战狼2》上映的时候，恰逢国内爱国主义情绪高涨。虽然没有准确的数据证明这些情绪为电影带来了多少票房，但是这个诱发因素的作用却不容忽视。

在2020年新冠肺炎疫情期间，云蹦迪一下子在抖音上火了起来。实际上，两年前云蹦迪的概念就被提出，也有人尝试。但是，那个时候大家都认为蹦迪要去迪厅，从未有人想过要跟着网上的人一起蹦迪。而新冠肺炎疫情带来的娱乐方式的改变成为云蹦迪的诱发因素。为了打发这种单调乏味的日子，商家趁机推出的云蹦迪竟然吸引了众多粉丝的参与。试想，如果没有这样一个大的诱发因素存在，云蹦迪仍旧只是个美好的概念而已。

这样说大家可能会把诱发因素仅仅理解为是大的社会环境和社会氛围，其实不然。社会上酝酿已久的情绪肯定是最好的诱发因素，如果疏导得当，一定可以借机制造非常成功的流行事件。但是有些流行的制造并不需要一个大的社会情绪，一个小小的习惯性的说法也可以成为一种诱因。比如，王老吉当年有一个广告语叫"怕上火喝王老吉"，这其实也算是一个诱发因素。在一次聚会的场合，我为了推脱喝酒说自己怕上火，所以不能喝酒。结果立即有人说"怕上火喝王老吉"，马上点了王老吉。你会发现，这句广告语已经成为一个诱发因素。因为广告铺天盖地，几乎大人小孩都知道这句广告语，都认为王老吉能降火是一个事实。当有人提出怕上火的时候，马上就会有人告诉你要喝王老吉。

这个案例告诉我们，要想制造一些流行的时候，一定要找到这个流行可能的诱发因素。它可能是一种情绪，被压抑很久没有释放的情绪；也可能是一个流行语，大家都这么说，有人说了上句，下句就会马上冒出来；另外，它也可以是一种有文化根源的东西，而这个东西是大家都耳熟能详，说出前面立即会联想到后面的内容。具有这些特点的事物，我们都可以加以利用来作为流行的诱发因素。在我们制造流行的时候，一定要把这种元素放大之后再传递出去，从而打开人们内心对这件事的认知阀门。

流行最厉害之处在于它的传染性。就像流行性感冒一样，一传十十传百，这样才可以称之为流行。所以，营销上的流行性制造，绝对是营销的最高境界。就像苹果手机成为流行，iPad成为一种流行，用娱乐化思维做营销，你的产品一样可以成为一种流行！

第七节　戏剧化：把你的活动营销当戏来做

我有一个专门做活动营销的好友，他在看完我的上一本书《所有营销都是娱乐营销》之后跟我说，我做了很多年的活动营销，但仍旧不知道活动营销的最高境界是什么，看了你的书才知道，原来是活动营销戏剧化。

在讲解活动营销的戏剧化操作之前，我们先来认识一下什么是活动营销。活动营销是营销推广中除广告和内容之外的一个重要手法。它的形式是策划大型活动或介入重大的社会活动，使企业迅速提高产品或品牌知名度、美誉度和影响力，促进产品销售的一种营销方式。

我们说任何一种营销活动都应该遵循全世界最行之有效的 AIDA 模式，也就是引起用户的注意（Attention），提升用户的兴趣（Interest），激发用户的渴望（Desire），说服用户行动（Action）。至少你要能达到这四点中的任意一个，否则你的营销就是无效的。因此活动营销也不例外，必须要能够实现这样的目标。

活动之前先想好传播怎么做

在娱乐化思维的活动营销理念中，活动很重要但是传播更重要。好的活动如果没有好的传播，就等于活动白做了。所以，我们有必要先讲活动传播的重要性。

基于这个原因，我们做活动营销之前的第一步要先想清楚你的活动营销是做给谁看的，观众是谁。这里的观众是谁有两层含义，一个是媒体和相关的媒体记者是谁，二是看到这个活动新闻的人是谁。

媒体和媒体记者的选择决定了你的活动营销的传播覆盖面、影响面有多大，事件能否经过传播发酵之后成为一个流行的热门话题事件。而媒体的选择也决定了受众群体是谁，这些人是不是你的用户或者潜在用户，他们能不能在看到你的活动营销的相关内容之后，对你的产品和品牌产生关注和兴趣，能否激发他们的购买欲望并最终促成购买。

一个活动能够在活动现场影响的人实在是有限的，即便你冠名了周杰伦的演唱会，那也不过有几万人到场而已。相比一篇阅读量 10 万+的文章，现场活动的影响面稍显局限。在这里我们想强调的是，无论如何做活动，最重要的都是传播。同样的一个活动，同样的活动预算，要尽可能把传播做到最大化。既然如此，那活动营销的传播要如何来做就是重点。

我们首先看看活动营销的传播形式有哪些。我们给出的建议是，如果你的预算足够，那就尽可能用不同的传播形式覆盖更多的媒体。你可以做的选择如下：

硬广告：在预算足够的情况下，可以考虑投放硬广告。但是我们这里所说的硬广告，也是娱乐化思维下的广告形式，要具有娱乐性八种特点中的至少一种，当然最好可以多几种。即便你的硬广告不能通过故事的形式传递主题、情感和意义，至少也要做到有趣、美！否则，那就不是娱乐化思维所提倡的硬广。另外，这个硬广可以是活动的预告，也可以是活动的内容再现。

软文广告：在预算充足的情况下，软文广告也是可以尝试的。同样，要以娱乐化思维做软文广告，要求同上述我们所说的对硬广告的要求。

新闻报道：选择权威的本地媒体、行业头部媒体、中央级媒体，对活动进行全方位的深度报道。请记住，不是要求发一条豆腐块大小的消息，而是要有深度的报道。你可能会问了，媒体又不是我们家的开的，我怎么保证他们能进行深度报道呢？是的，这就要考验活动策划的能力了，这就是我们为什么说活动营销要戏剧化。这是我们后面的内容要解决的问题。

网络媒体跟进报道：在权威媒体报道之后，请包括社会化媒体在内的网络媒体跟进传播，对口碑进行发酵，这也是非常有必要的传播。因为要想让你的活动营销有更广泛的传播覆盖和影响力，必须进行社会化媒体的二次传播。如果仅仅局限于到场媒体的采访报道，其影响力就相当有限。当然，如果活动本身的新闻性很强，报道之后也会有其他传统媒体、社交媒体主动转载。但这具有很大的偶然性，所以你必须有提前的预案，做好二次传播的准备工作。

选好媒体之后，接下来要制造新闻。我们都知道媒体的职责是报道新闻，而不是传播你的营销活动。所以，要想媒体对你的活动进行大篇幅的深度报道，前提就是你得给它一个新闻素材，而不是你的广告素材。我们最常见的情况是，企业总想给媒体一个广告素材，然后让记者写一篇大新闻。凡是这样做的老板，最后应该都没有得逞。

说到这里，你会发现活动营销的第一步变成如何制造一个大新闻了。否则就无法实现传播的目的，即便花钱做了活动，最后也可能只是一个自嗨式的活动营销。那我们如何制造新闻呢？

先替媒体想一个它们无法拒绝的活动主题：娱乐化思维一直都在强调主题的重要性，新闻报道也是要有主题的。如果活动主题新奇特且能够传递意义和情感，媒体就会认为这个主题值得报道，否则就没有兴趣报道，或者仅仅看在友情的份上给你一个豆腐块大小的报道。所以，学过娱乐化思维之后，请不要再怪罪媒体不给你做大篇幅的深度报道。不是不想报道，因为你的主题实在无料可报！

制造热点或紧扣新闻热点：能够自己制造出新闻热点当然是最好的结果，如果自己没有能力制造新闻热点，那么紧跟着新闻热点，或者成为已有新闻热点的补充，也是一个非常不错的选择。比如，凡是在重要的节庆日，媒体都会策划专题，如果你不能制造出一个大热点，那么成为这个专题的一部分补充内容，也是理想的选择。

设计一个能够成为焦点图片的场面：媒体的报道通常都需要图片。要在活动营销的创意前和创意中，提前设计好一个场面，这个场面被定格之后的画面就是媒体报道的焦点图，而且是那种能够单独拿出来做图片报道的焦点图。这个时候，你才能说自己的活动营销设计是符合娱乐化思维的要求的。

选择核心媒体：新闻大不大，要看是哪家媒体报道出来的。是重要的权威媒体报道出来的，即便篇幅不大，影响力都可以很大。或者它都会成为众多其他媒体报道的新闻来源，给其他媒体提供线索，引发新一轮的报道热潮。所以，选择核心媒体很重要，它的作用就是成为重要的新闻源头，驱动新一轮的深入报道。

利用网络媒体做二次传播：这里我们更强调对内容传播的把控。这个时候，如果一次传播有一点效果，你要做的是推波助澜。如果一次传播效果不大，你也要试试看能否找到新的传播点，否则就意味着活动营销将以失败而告终。

以上就是在活动营销前要做的相关传播的准备工作，接下来我们具体分析活动该如何去做。

像做戏一样做活动营销

接下来我们就进入如何做一个高传播、高转化的活动营销的内容讲解了。大家在阅读这一部分内容的时候，一定要记得我们做活动营销的意义是为了传播，为了广而告之，为了吸引用户的关注、兴趣，为了激发用户的欲望，促使他们产生购买。所以，我们活动营销的每一个方法都是围绕传播，围绕用户的兴趣、欲望来展开的。

活动主题化

每一个活动营销都应该有自己的主题。活动主题是为了媒体宣传报道而设定的，为了用户的兴趣和欲望而设定的。因此在设定主题的过程中，我们既要考虑媒体的需求，又要考虑用户的需求。当然，媒体做是否深入报道的选择时，他们也会考量这个主题是否是用户感兴趣的。我们常说媒体不好打交道，不给自己的活动做大篇幅的报道，实际上那是因为你根本不知道媒体想要什么，你只知道自己想要免费广告，却没有考虑媒体的需求是什么，读者用户的需求是什么。所以，最有营销意识的其实是媒体人，反而很多生意人只有"硬销"的意识而没有营销的意识。

场地剧场化

活动场地的剧场化实际上是为了配合活动的主题。我们已经知道活动的主题必须要新奇特，或者能够传递某种意义。为了配合主题，你的活动场景就需要很多充满仪式感的内容。什么样的场景里会有仪式感的内容存在呢？那就是剧场。因为在剧场里发生的事，都是有主题的，有仪式感的，有意义的，也都是比较新奇特的。至少是高于生活中的那种仪式感和意义感。所以，为了配合活动的主题化，我们就必须在场地上配套剧场化。这个剧场化可以是你真的把活动搬到剧场里去。比如苹果的新产品发布会就一直在剧场里举行，乔布斯在台上就像是一个演员一样在表演；也可以是把场地剧场化，装扮得像个剧场。其实现在很多公司的发布会都是这样做的，比如在酒店的宴会厅里搭建舞台，其实就是对场地剧场化。只不过很多公司对这个方法掌握得不够熟练，最后变成形式千篇一律的发布会场地。剧场化的意思不是仅仅有个舞台，很多人以为有舞台就是剧场。舞台上还要有很多布景、道具、灯光等辅助设备。而且这个剧场化也要突出活动的主题，以及适合接下来要在活动中上演的节目。

产品道具化

很多人认为一个新产品的发布会一定是以产品为主角。错了！在一个成功的活动营销中，产品不会是主角，产品只能是道具。但是，这个道具有助于表达活动的主题，强化参与表演的演员的角色形象，赋予角色和故事更多意义。为什么产品不是主角？因为舞台上有生命的永远才是主角，而不是产品。舞台上的场景和故事一定是人物借助产品道具来表达主旨，而不是产品在表演。产品是不会表演的，更不会在没有人的情况有什么情感表达。想想乔布斯所做的每一次苹果的新产品发布会，他都像一个演员一样使用苹果产品做道具表演给大家看。

人员角色化

人员角色化是指活动营销的所有参与者都应该角色化。角色与岗位的区别在于，角色是一种更具有创造力的分工。比如，所有参与活动营销的人员，可以根据各自工作内容的不同，分为：导演角色、编剧角色、演员角色、幕后其他角色、观众角色等。总负责人就是导演,策划就像是编剧,主持人和上台发言的人都是演员,设计、执行等人都有自己的角色分配。连观众也是一种角色,要配合我们一起完成整部戏。为什么观众也是角色?想想一些综艺节目中那些观众脸上的眼泪和表情,那可是都是为了节目效果而做的实力演出。我们的活动营销也一样,要演一出完整的好戏,每个人都应该有自己的角色,按照角色的要求去演好自己的戏。

流程剧情化

把活动的流程变成剧情,否则就空有剧场的形式感。每次看乔布斯在世时的苹果发布会就有这样的感觉。感觉他就是在表演,他对活动流程做了各种设计。哪里要抛金句,哪里有高潮点,都是经过仔细推敲过的。最怕的就是一个活动营销的整个流程单调乏味,没有应有的戏剧冲突。这种活动肯定是不成功的。

我在做媒体期间,曾经帮助香港演员张达明在内地宣传他的节目。我们当时就认为做个发布会太无趣了,干脆直接取消发布会,请他去街头采风,看看广东人喜欢聊什么,最近的热点是什么。于是,达明应我们的要求走到街头的菜市场,跟卖菜的阿姨聊家常,询问她们的生活状况和关心的话题。这些都是当成街头的剧情来演绎和推进的,所以效果就比做一个新闻发布会接受采访要好很多。

内容新闻事件化

所有好的活动营销,最后都要成为新闻事件被报道,而不是成为一个营销活动被报道。这就要求我们在策划活动的时候,除了要有主题,要有很多形式感很强的新奇特的东西,还要有一些有深度的内容,能够引发价值冲突,引发有关这个话题的讨论。只有这样这个活动营销才可以被媒体尽量放大它的价值,从而形成自己的影响力。

有关内容的新闻事件化，大家可以参考我们前面所提到的趣味化、主题化、流行话、艺术化等相关内容。因为新闻这个词已经告诉我们，没有新奇特的内容，是成不了新闻的。美国《纽约太阳报》19世纪70年代的编辑主任约翰·博加特把新闻解释为"狗咬人不是新闻，人咬狗才是新闻"。这种说法被全世界的新闻工作者作为选择新闻的标准一直延续至今。这背后对应的其实是新闻读者有猎奇的特点，所以新闻才要具有"人咬狗"的新奇特性。同时，一个好的新闻一定要有自己的主题和特定的意义传递，而且，能够形成全民关注的热点成为流行，这才是一个好新闻的标准。

我个人操作过的最成功的营销活动戏剧化案例就是音乐剧《猫》在广州演出前的发布会。

"喵星人"突袭广州地铁

2012年，世界经典音乐剧《猫》的中文版在中国上演，我是这个项目的首席营销顾问。因为音乐剧《妈妈咪呀》的中文版也是我做的营销，所以我对这些项目的运作多少有些心得。但是《猫》这个项目在我看来比《妈妈咪呀》要难做。因为从传统的营销角度看，《妈妈咪呀》的中文版还是有几个明星级的演员的，而音乐剧《猫》则不同，一个明星演员没有。它的明星演员就是化妆之后舞台上的那些猫。

面对这样一个没有明星演员的项目，仅仅做一场开票的新闻发布会显然是不够的。因为没有明星，发布会通常又是在剧院里面，很难有特别好的创意能让这件事成为一个全城瞩目的新闻焦点。为了制造一个全城关注的新闻焦点，我为音乐剧《猫》策划了一个喵星人突袭广州地铁的活动营销，这里面就运用了营销活动戏剧化的方法。

2012年11月19日上午10点半前后，三只大猫（化了猫妆的演员）出现在广州的珠江新城地铁站。它们是"魅力猫""功夫猫""群众猫"，一只妖娆直立，一只面带惊恐，一只可爱卖萌。这些喵星人的表演充分突出了猫的好奇天性。

它们偷偷躲在买地铁票的旅客身后学习如何买地铁票，当然有时会吓对方一跳。

它们抢乘客的包包玩。

它们吓得小朋友哇哇乱叫。

它们翻过闸门进入地铁车厢继续跟乘客玩耍、逗乘客开心。

见到"猫"的乘客都纷纷拿出手机拍照发微博、微信。

我们事先邀请过来的电视记者、报纸记者、网络记者全程跟踪拍摄。

第二天,全城的娱乐报道、图片新闻、社会新闻,到处都是音乐剧《猫》将在广州连演24场的消息。

而这个活动没有场地租金,没有明星的劳务费,没有安保费用,只有一些记者的车马费,现实了用最低成本获得最大曝光的传播目标。

这个营销活动成功使用了活动营销戏剧化的手法,活动主题化、场地剧场化、产品道具化、人员角色化、流程剧情化、内容新闻事件化,每一种方法在这场营销活动中都得以体现。

第八节　品牌化:品牌的四个现代化和一个未来化

品牌化思维为什么会是一种娱乐化思维呢?这与品牌背后对应的用户需求有关。我们在前文的娱乐的八种特点里说过,品牌其实只是一个载体,除了要体现定位之外，还承载着传递更多内容的重任，比如要传递美、主题、情感、意义、价值等。所以品牌能够满足用户的审美、情感、意义以及自尊等各种娱乐性需求。这一切都是为了通过娱乐性更好地占领用户的心智，进入用户心智中的系统 1，让用户更为感性地成为品牌的消费者。

当你想把自己的品牌做成一个真正意义上的品牌，能够满足一些用户的需求时，你的品牌思维就应该切换为娱乐化思维。如果你的思维不是娱乐化思维，那你就有可能不关注用户的一些娱乐性需求，也就无法满足他们的这些需求，也就更不可能成为流行的品牌。接下来我们在娱乐化思维的概念中，看看具体该如何品牌化。

所谓的去品牌化其实是去别人的品牌

在深入到具体如何品牌化之前，我们先在品牌的认知层面探讨一个问题：到底有没有去品牌化这回事？我曾见到过一些对品牌比较排斥的企业家，他们对品牌溢价十分痛恨，总认为这是把品牌推广的费用转嫁到用户身上，让用户为品牌买单。他们觉得自己要做去品牌化，不花钱做品牌推广，要让用户买到最实惠的好产品。

但是真正靠着去品牌化做成功的中国企业似乎并不多，日本有一家去品牌化企业"无印良品"，它的品牌名称在日文中的意思是无品牌标志的好产品。无印良品的最大特点之一是极简的产品设计风格，没有商标标签。无印良品的这种做法不仅省去了产品上一切不必要的商标制作，而且也给用户提供了很多便利。

然而，这样做就是去品牌化吗？这顶多算是去标签化。只是把那些品牌 LOGO 和品牌标签去掉了。但是，这种行为反而强化了无印良品的形象。这种所谓的去品牌化，其实是为了强化自己品牌的质优价廉物有所值，是为了取得用户的更大认同。无印良品的用户也会觉得，自己买到了因为包装简单而价格更低的超值好物。

所以，去品牌化只是一种品牌营销手段而已，或者你可以把它当成这个品牌的主题，即通过降低品牌包装、宣传的其他成本，来降低产品的成本，为用户提供更物有所值的产品。

从营销的角度来看,世界上根本不存在去品牌化这回事。存在的只是去别人的品牌强化自己的品牌。所以,去品牌化本身这个概念就是伪概念的,或者说是一种营销噱头。

也有人可能会说,现如今消费者趋于理性消费,不再过度追求名牌了,这不是一种去品牌化的趋势吗?其实这个要看消费者趋于理性消费是一种全社会的普遍现象,还是部分消费者因为经济不景气或者生活压力大而选择理性消费。即便是全社会都趋于理性消费,我们相信那也可能只是一种暂时的现象。所谓的理性消费,只是消费者变得稍微聪明了一些,不愿意追求那些买了以后会被别人骂成是傻子的品牌。除非真的有一天社会资源的分配制度变成按需分配,你想要什么就有什么。商业上也不存在竞争了,那个时候才有可能真正实现去品牌化。

在那一天到来之前,只要这个社会上还存在按劳分配制度,还有市场经济和市场竞争存在,品牌作为一种商家借以争夺用户心智的工具,是不可能消失的。所谓的消费趋于理性和去品牌化,只不过是赋予品牌更多的功能,让品牌更多地去考虑用户需求的多样性和复杂性,而不是像现在一样简单粗暴地起个名字之后就大打广告。

所以,从这个意义上来说,去品牌化是去品牌的粗放化,做品牌经营的精细化、现代化。面对用户需求的多样性变化,以及用户需求中娱乐性需求的提升,你的品牌如果不能很好地关注用户的娱乐性需求,用品牌化的方式去满足用户的这些需求,你的品牌就会丧失竞争力,就会被用户抛弃。

品牌帮助你实现心智预售

对于商家来说,世界上最好的生意应该是这样的:用户只要需要购买某种商品,他们第一时间想到的就是你的品牌。去超市购买时,他们直接走到你的品牌的货架来选购,网购时他们直接搜索你的品牌来下单。这无疑是每个商家都希望实现的一种理想状态。

事实上,也有一些品牌几乎做到了这个地步。比如,当用户想买一款运动型轿车时，多半会想到买一辆宝马；想买一款国产高档手机时，多半会想到华为。

当你的品牌达到这种境界时，我们管这种境界叫心智预售，意思就是在用户的认知中，你已经实现了预售一样的效果。虽然你没有收到用户的订金，但是跟实际上收到订金一样，用户会在需要这类产品时第一时间想到你的品牌。

一个真正意义上的品牌，是能够实现心智预售效果的。那些还没有实现心智预售效果的品牌，还不能称之为真正意义上的品牌，只能称之为品牌名。

品牌要想实现心智预售的目标，就必须满足用户的实用性需求和娱乐性需求。品牌的实用性需求体现在它的价值保障功能上，但凡是一个好的品牌，我们对它背后的产品会产生一种自然的价值信任，认为它的质量是可靠的，它在某方面有着独特实用性，能够帮助我们解决某个具体问题。比如，提到海飞丝这款洗发水，我们就知道它是宝洁出品的一款具有去屑功能的洗发水，这就是海飞丝这个品牌的价值保障功能。

品牌的娱乐性主要体现在它是否能够满足用户对于身份彰显、情感、价值观、审美等需求上。如果你的产品在价值保障的实用性之外，还能够满足用户的这些娱乐性需求，你的品牌就具有多重价值属性，能够获得用户发自内心的认同，从而完成品牌的心智预售。

在品牌实现心智预售的方法上，美国著名营销专家艾·里斯（Al Ries）与杰克·特劳特（Jack Trout）于20世纪70年代提出的定位理论对此有着深入的讲解。国内也有很多定位理论的专家学者对此做了很多理论和实践上的丰富。因此，我们就不在这本书中对品牌定位的理念和方法做过多的讲解。

本书的主要内容虽然聚焦娱乐化思维，但娱乐化思维中的很多理念和方法，与定位理论中的理念和方法有相通之处。娱乐化思维中所提出的八种娱乐性，其实都存在于用户的心智之中。满足用户的娱乐性需求，也就是抢夺用户的心智，获取他们的心智认同。因此，娱乐化思维中所提到的创造差异化的各种方法，同样也可以与定位理论中的配称方法结合使用。

品牌的四个现代化

一个现代化的品牌，必须要具备品牌定位的意识，明白商业竞争就是品牌的竞争，就是争夺用户心智的竞争。商业竞争的战场在用户的心智中，而娱乐化思维聚焦的也正是用户心智中的系统1，希望通过娱乐化思维的理念和方法，让我们的用户越来越感性地冲动式消费我们的品牌。

娱乐化思维认为，品牌的现代化之路主要跟主题化、情感化、故事化、流行化这四点有关。

主题化：品牌化需要有一个主题，否则就只是一个内容空洞徒有虚名的标识系统。很多人的品牌就是一个名称和LOGO而已，一个没有主题的品牌就等同于一篇没有中心思想的作文，有一个标题外加一大段废话。品牌的主题就是讲你的品牌灵魂，因为在主题中包含了你的品牌使命、价值追求、情感表达等诸多内容。

品牌如何主题化呢？主题化的过程其实也就是品牌使命和品牌价值的寻找过程。思考你的品牌到底能够为用户、合作伙伴，为社会带来什么样的价值，把这个价值结果具象化为用户听得懂的语言，转化为他们看得到的行动，这个过程就是品牌的主题化了。有了主题之后，在品牌的推广过程中不断传播这种主题、强化这种主题，慢慢你就成为一个在用户心中有主题的品牌。

情感化：情感化是一个品牌现代化的重要手法之一。因为没有情感的品牌是不能让用户感动的，也就无法与用户形成有情感的交流互动，更无法与用户达成情感的链接，因此你的品牌也就无法成为一个真正意义上的品牌。

所谓品牌的情感，其实就是你对品牌的热爱、对产品品质的坚持、对用户需求体贴入微的观察和满足。而用户在拥有你的品牌后，他们能够感受到品牌传递的热爱、关心、执着等，从而获得情感上的满足，这就是品牌情感的来源和主要作用。我们有必要记住的一点是，这里所说的情感包括情绪和感受，就是你的品牌要给用户带来某些正向的情绪和感受。如果这种情感不能为用户所感知，那就变成了品牌方一厢情愿的伪情感。这种现象在品牌打造的过程中非常常见，品牌方以为为品牌赋予了情感，其实用户根本感知不到。另外，为什么要是正向的情感呢？我们都知道情绪和感受有正负向之分，正向情绪传递正向的能量，负向的情绪会传递负向的能量。而正向的能量才能够给人以愉悦体验，负面的情绪则只能给人带来厌恶和悲伤。没有人喜欢负面的情绪和感受，所以，你的品牌需要的一定是正向的情感！

故事化：品牌的故事化看似也是一个老生常谈的问题，实际上也是一件很多人都会说但是却一直也做不好的事。为什么要将品牌故事化？因为故事是传达主题情感和意义的最佳载体。你的品牌想传递这些内容，就必须通过用户最喜闻乐见也最易于被用户口口相传的故事这个载体。所以，你要将品牌真正地故事化，而不是讲一个连自己都觉得很无趣的故事。讲故事是一种能力，不会讲故事的品牌负责人和品牌机构都是不合格的。但是有关讲故事我们也有最基本的建议，那就是不要讲假故事。所谓的品牌故事打造不过是品牌创始人、品牌背后的所有价值创造者们的故事萃取而已，而不是无中生有地编造一个满嘴谎言的故事。这样的故事不仅不能传递品牌价值和品牌情感，甚至会对品牌造成深深的伤害。没有哪个品牌是靠一个假故事起家的，更多的成功案例是品牌创始人和所有品牌价值创造者的故事被不断传播之后成为一个个传奇。虽然有些故事情节较为夸张，但是这些成为传奇的品牌故事的主题所蕴含的价值和情感却始终完好地保存在其中。这才是品牌的真谛所在！

流行化：品牌的四个现代化中的最后一项是流行化。一个品牌的成功是以流行作为检验标准的。

检验品牌是否流行的标准有三个，第一是品牌拥有一定数量的粉丝和受众。这个粉丝和受众的数量至少可以让这个品牌盈利，维持其品牌运营。第二是品牌具有了自传播力，且具有较大的社会认知度。品牌的粉丝愿意主动传播与该品牌相关的信息，甚至非品牌用户也愿意分享相关品牌信息，从而形成了广泛的社会认知度。第三是品牌具有影响和改变用户购买行为的价值创造力，简而言之就是用户会在你的品牌和其他品牌之间选择你，这就是品牌的价值创造力。这三个看似简单的标准如果品牌方全部满足，基本上就已经没有对手了，尤其是第三点。

我们说成为流行就意味着你已经成为用户的一种新的生活方式，并以这种方式参与创造用户的美好生活。这也是一个品牌成功的最重要的标志之一！

品牌的未来化：IP 化

以上我们所说的主题化、情感化、故事化、流行化的品牌的现代化之路，在娱乐化思维的理念中，品牌的 IP 化就是品牌的未来化之路。为什么这么说呢？因为娱乐化思维借鉴了很多娱乐产业的理念，其中娱乐业最重要的理念之一就是产品品牌化、品牌 IP 化。最典型的例子就是美国的迪士尼，它的每一个动画形象都是品牌。动画作品的核心就是动画角色，迪士尼最核心的能力就是将这些作品都打造为品牌，这些品牌都是 IP，都可以做大跨度的内容延伸，也因此可以获得更多的商业利益。

品牌的 IP 化其实就通过 IP 化让品牌拥有更多忠实的粉丝，这是更深度占据用户心智的方法，也会因此让用户变得更为感性，变得像追星族一样追捧我们的品牌。这也是娱乐业给我们带来的重要启发。

想想看，迪士尼乐园里卖的是什么？卖的都是它们这些经典 IP 的价值延伸。

那到底什么是 IP？IP，是 Intellectual Property 的缩写，根据字面意思可以直译为"知识产权"，特指一种具有长期生命力和商业价值的跨媒介内容运营。IP 的概念最早是从动漫行业兴起的。从动漫到影视到泛娱乐的其他领域都风行 IP 的概念。所以从这个角度来说，IP 已经不能仅仅理解为知识产权了。成为知识产权只是一个基础，更重要的是品牌能不能具有生命力，具不具备从一个领域跨界到另外一个领域，并且赋能另外一个领域的能力。

我们举一个非娱乐行业的例子来进一步理解 IP 的概念。保时捷跑车大家都很熟悉，但是实际上保时捷这个品牌早就延伸到我们生活中的其他领域，推出过不少跨界产品。很多人看到华为手机推出 Mate 9 Porsche Design 版才知道，原来有个品牌叫保时捷设计。虽然小米的高管在讽刺华为的这款手机时说，保时捷设计与保时捷跑车没有什么关系。实际上也不能这么说，保时捷设计品牌是由保时捷创始人的孙子，也是 911 跑车的设计师 Ferdinand Alexander Porsche 教授于 1972 年创立。更重要的是，购买保时捷设计的产品的人一定会认为它跟保时捷汽车有关系。如今的保时捷设计已被公认为欧洲知名品牌。实际上，就算是保时捷也不例外，它不仅卖汽车，也卖高档太阳镜、手表、家具和其他奢侈品。有统计称，保时捷从品牌衍生品的交易中获得的利润是汽车销售的三倍。从这个角度上来看，衍生品不一定是品牌的附属品。

除了保时捷，奔驰、宝马、奥迪、Jeep等汽车品牌都有自己的衍生品牌。有些是自营的衍生品品牌，也有授权给其他公司来做衍生品的。比如Jeep汽车就把品牌授权给了中国的服装企业开发户外运动服装。有着Jeep越野车的品牌背书，Jeep服装根本不用过多宣传，大家几乎都能知道这是主营户外运动的服装。

像保时捷和Jeep这种品牌，就已经成为IP。它们具备在其他领域内做内容延伸的能力，从汽车领域延伸到生活的其他领域，同样具有自己的品牌优势和品牌影响力，同样具有自己的品牌价值传递与传承。区分品牌与IP的重要标准就是，你的品牌是否能在其他领域内做延伸仍旧保持品牌的价值传递和影响力。

那么，品牌如何面向未来，将自身打造成IP呢？

有关品牌的IP化，我们给出这样一个原则：精神为内核、故事为外壳、文化为母体、欲望为对象、世界观为基础。如下图所示：

精神为内核

品牌之所以能够升级为 IP，首先是因为它强大的精神内核。上文中所提到的保时捷和 Jeep，都是具有强大精神内核的品牌。保时捷的精神内核是"敢于创新，追求极致"，而 Jeep 的精神内核则是"无往不至，无所不能"的美国精神。当你的品牌想要升级为 IP 的时候，你首先要考虑的问题是，你的品牌精神是什么。当然，很多企业的老板都会觉得自己的品牌是有精神内涵的。那问题就来了：你的这种品牌精神是你自认为存在的，还是用户一听品牌名称就能感知到的？如果只是你认为它存在，在用户的心智中不存在，这个就是伪品牌精神。它可能存在的问题是，一是这种精神缺乏号召力，不是大众所认同的；二是有可能是你没有通过品牌定位中的配称强化这种精神的存在；三是可能你的配称也做了，但是没有很好地传递给用户。

要如何解决这些问题呢？

首先当然是先找到品牌精神。做法可以参考前文中品牌主题化的内容。因为没有主题的品牌肯定也是没精神的。

其次，为自己的品牌精神做好配称。

第三，把你的品牌精神通过广告、公关等各种形式传递给你的用户。

故事为外壳

品牌的精神是一种相对虚无的存在，要想让用户感知它、传播它，那就需要给它一个故事的外壳。因为故事的优点在于，它是一种传播介质，能够承载品牌的主题、精神、文化、价值等相对虚无的东西，而且能够将这些东西具象化、生动化。迪士尼的每一个 IP 都有属于自己的好故事。这就是故事的魅力。因为有这些故事的存在，所以这些动漫形象才具有了 IP 属性。在创作之初，它们也不过是一个动漫设计师的作品而已，只是因为他们实在太受欢迎，所以才成为我们今天要效仿学习的 IP。

文化为母体

文化母体就是文化的根源。所有的IP都有自己的文化根源，最终在它们自己在成为IP之后也有可能成为一种文化母体。IP为什么会成为一种流行文化，就是因为它们普遍有文化的母体，能够让受众在认知中一下子就找到其背后的文化根源。这种文化根源已经像基因一样存在于我们的生活中或者潜意识中，只要有外在的一些具有类似文化基因的事物映射到我们的意识中，这种文化记忆便会立即被唤醒，对这些内容产生强烈的文化认同。从品牌进化到IP之所以要强调文化母体的重要性，原因就在于如果缺少了文化母体，你的品牌就很难获得用户更深层次的认同。

但凡成功的IP，这种底层的文化根源都有很多，它们可能是古人留下的文化经典著作，也可以是几千年文明留下的一些道德和行为准则，抑或是一些神话传说、民间典故、童话故事、节日仪式、民谚俗语等。从影视动漫的IP角度来说，无论它们的虚构成分有多少，总有一个跟现实文化有关的根源在那里。它不可能完全超越现实的某种文化背景而存在。这个其实也比较容易理解，因为一个人无论拥有怎样超强的幻想能力，他的幻想仍旧局限于他曾经接受过的文化教育，以及它曾经接触过的各种信息。

欲望为对象

我们这里所说的欲望对象，不是简单指你的品牌成为用户的对象，而是指你的品牌故事中传递的情感、价值观等，成为用户的欲望对象。我们在看一些影视作品的时候，通常会有这种感觉，我们的心情会被男女主角的处境带着走。我们希望他们尽快走出困境，不要被警察抓到，不要被坏人欺骗等。我记得有一次带小朋友去看儿童人偶剧《白雪公主》，当皇后变成一个老奶奶给白雪公主吃毒苹果的时候，台下的孩子们一起在喊：不要吃，不要吃，她是骗你的。这个时候，同情白雪公主的处境，希望她脱离危险，就是观众的欲望对象。我们为什么一直都记得这个故事，就是因为这个欲望对象的存在。

2015年，多芬发布了一款名为"你是很美还是一般"（Choose Beautiful）的广告。广告中，在通往商场的两扇门上被提前贴上"一般"和"美"两种字样，每一个想进商场的女生都需要在"美"和"一般"之间做选择，摄像机拍摄记录了现场每个人的不同选择。很多女生勇敢地选择了"美"，也有很多人犹豫之后选择"一般"。我们在看这个广告的时候，总是会希望要通过这两扇门的女生选择"美"。而在真实的环境中，如果是我们自己做选择，我们未必都会选择"美"。但是，在看这些广告的时候，美的选择成为我们的欲望对象，我们希望女生们都选择"美"。所以，我们所谓的欲望对象，不是赤裸裸指向你的品牌，你的产品。这种纯精神层面的欲望，反而能够让你的品牌赢得更多用户发自内心的情感认同。如果我们回顾一下每一个现在能够称之为IP的作品，它们无一不具有这种欲望对象的功能，它们中间所传递的某些价值观和情感，都会是人们强烈的欲望对象。所以，想要你的品牌成为IP，必须先想一下，你有什么故事，故事中哪些有价值的内容可以成为用户的欲望对象。

世界观为基础

所有的IP都有一个核心的世界观。这里的世界观是指一个人对整个世界的根本看法，它基于一个人对自然、人生、社会和精神等科学的、系统的、丰富的认识基础之上，它的范围包括自然观、社会观、人生观、价值观、历史观、物质观、运动观和时空观。

《哈利波特》中有个虚构的魔法世界，这个世界里有自己的价值观，但它仍旧是我们现实社会价值观的投射。没有人可以虚构出一个完全脱离现实的价值观，因为没有对现实的认知基础，所有的世界观是不可能形成和存在的。而我们之所以沉迷于某些虚构的世界中乐此不疲，也不过是因为这个世界里的世界观更加爱憎分明，让很多现实中无法坚持的观念在这里得以实现。多芬为什么让人们勇敢选择美，就是因为在日常的世界里，人们的内心其实充满了胆怯。辅以一个"美丽"门，一个"一般"门，这种具有舞台感和仪式感的设计，已经具有超现实的成分，能够让人从现实中抽离出来，做出一个基于自身世界观的选择与判断。

所以，想要你的品牌也成为 IP，你必须虚构一个与现实保持一定距离的世界，然后让这个世界里充满了强烈的世界观，让你的用户沉浸其中，不得不做出自己的价值选择与判断。这样他们才能感受到你的品牌带给他们的内心冲击和心灵震撼，你的品牌才有机会成为真正的 IP。

以上就是娱乐化思维下的品牌化的内容。至此，娱乐化思维八步法的内容我们就全部解读完毕。因为担心陷入技术的层面，所以我们没有更多地讲解具体的方法。掌握底层的逻辑，比学会一两种具体的方法更重要。只有知其所以然，才能够真正在遇到问题时形成有针对性的解决方案。

第四章

娱乐化思维下的产品进化论：
工具、玩具和道具

讲完娱乐化思维的养成八步法，接下来这部分内容里，我们要讲娱乐化思维在产品创新方面的应用。我们把产品分为三个形态：工具、玩具和道具。

开始正文之前，我们先来认识一下日本2020文具大赏的得奖产品——SEED橡皮擦。这款橡皮擦最大的特点就是它是透明的。在擦拭时你可以看到所有的字，不会擦到你不需要擦的字。这个设计是不是特别贴心？我们上学的时候经常会因为橡皮擦不透明而误擦了不该擦去的字。

这款橡皮擦不仅功能上更实用，也增加了趣味性。比如，用户甚至可以把它当成一个玩具来把玩。这就是我们接下来的要讲的产品的工具和玩具形态。

我们都知道这样一个常识，无论你的营销有多么高明，都需要有一个好的产品做背后的支撑。在讲娱乐化思维在产品开发层面的运用时，我们不断提到一个观点：产品进化论。这个进化论的核心就是产品需要进化，它的进化分成三个阶段，分别是工具、玩具和道具。

在这三个阶段中，产品的特点、卖点都各不相同。从工具到玩具和道具，是一个由低到高的进化过程。这个进化过程的表述，代表随着人的需求的不断升级，我们的产品也应该随之升级。有些产品永远也不可能完全成为道具，但是这不妨碍它具有某种道具的属性，也不会影响它们的市场表现。

第一节　产品为什么会进化

在解读产品的不同进化过程和进化方法之前，我们有必要先回答产品为什么会进化的问题。

产品进化的原因和生物进化的原因其实有类似之处，一部分是外部因素的影响，一部分是内部因素的影响。我们先来了解外部因素的部分。

社会经济发展带来的需求变化

产品进化的外部原因首先主要来源于社会经济的发展。社会经济发展最直接的影响就是带来人们收入的增长。通过劳动收入人们能够交换更多的生活必需品，这是整个商业社会运作的基本规律。在一个社会的经济持续稳定向上发展的时候，人们的劳动机会增加，收入也会随之增加。

但是人这个动物很奇怪，总是不满足于生存和安全的需求。这也是人和其他的动物的一个重大区别。动物的需求很简单，在自己的生存需求满足之后，对于自己所生存的环境不会再做无限度的索取。比如狮子在捕杀了一头小鹿吃饱之后，不会连续捕杀更多的小鹿。但是人则不同，人的生存逻辑是，在捕杀了一头鹿之后会继续捕杀，能杀多少杀多少。因为人的智慧更高，可以把多余的鹿肉拿去交换其他物品，把鹿皮用来制作防寒保暖的衣服。

人类的需求随着社会经济的发展而不断发生变化。随着经济发展带来的收入提升，人们在基本的生存和安全需求满足后，会产生新的需求。这些需求中，一部分是改善型生存需求和安全需求。虽然它们看起来仍旧是实用性需求，但实际上可以视为是娱乐性需求。因为这部分需求是带有享乐性质的。

另外一些就是纯粹的娱乐性需求。比如对于美的需求、情感的需求、自尊的需求和意义的需求。随着社会经济的发展，人类从物质短缺逐步进入物质过剩的阶段。绝大多数人都已经不再为生存问题而发愁，反而会为了选择什么物质产品来满足自己的需求而发愁。因为现在的市场上，同类型产品有很多，最终选择哪个，取决于哪一个产品更能够满足自己的娱乐性需求。

用户对已经拥有的产品会喜新厌旧，这也是推动商家主动进化自己产品的一个外部动力。所以，专门研究消费者行为动机的人，会专门研究用户更换手机、更换汽车的时间周期等。知道用户的偏好后，精明的商家就会想办法去满足用户的需求。

技术进步带来的主动进化需求

社会经济的发展带来的用户需求偏好变化，是产品进化的外部原因。产品进化最终要靠企业的内部动力来驱动。

企业内部生产驱动力来自于以下几个方面。一是对效率的追求带来的生产技术的提升；二是生产设备的更新；三是内部创新驱动。

经济学上认为企业都是追求效率最大化的。效率最大化就是同样的生产资料投入可以产生更多的收益。对效率的追求会促使企业想方设法提升生产技术，而技术的进步直接会带动产品的主动升级进化。

此外，企业的生产设备都是具有一定使用年限的。在报废期到来时，企业通常都会引进技术更为先进的设备。新设备的投入自然也会带动产品的进化升级。

最后，企业内部本身也是具有创新动力的。在激烈的市场竞争中，不创新就是坐以待毙，随时都会有被竞争对手干掉的危险。市场经济环境中，竞争机制会让企业主动开展内部创新，从而以更新的产品、更高的效率参与市场竞争。

而这些创新之举，自然会直接带动产品的进化升级。

而主动进化升级自己的产品方向，就是更好地关注用户的需求，满足用户的需求。而现如今用户需求的变化趋势就是从追求实用性慢慢转向追求娱乐性，产品升级进化的方向自然就要追随需求的变化方向。

产品进化的方向：工具、玩具和道具

在外部动力和内部动力的双重驱动之下，企业必须对自己的产品进行升级进化。从娱乐化思维所界定的需求角度，我们给产品进化描绘的一个路径是：工具、玩具和道具。

简单来说，就是产品最初的形态应该是工具形态，能够帮助用户解决具体的问题。在这个基础上，为了进一步满足用户对于趣味性和美的娱乐性需求，产品就应该进化为玩具，满足用户对有趣、好玩、美的追求。用户的好奇心通过趣味性满足之后，进而又对情感、尊重、意义产生了更高的需求。这个时候，产品就应该升级为道具，满足用户这方面的娱乐性需求。

对于什么是工具和玩具，大家应该都比较容易理解。最直观的答案是，工具就是具有很强的解决问题的实用性，玩具就是要具有趣味性。但是很多不熟悉娱乐产业的人可能不清楚到底什么是道具，在这里我们需要对道具做一个解释。

所谓的道具，是指演出戏剧或拍摄电影时所用的器物。比如武侠电影中的侠客形象，通常都会戴着一个斗笠，腰间挎着一把刀或剑。斗笠，刀或剑就是道具。

道具的作用主要是帮助演员塑造角色形象，让观众一眼就能知道这个人是侠客还是恶霸，是富人还是穷人。如果这个道具能够让我们一下子能认清楚这个人的身份，那这就是一个很好的道具。否则，就是一个失败的道具。也就是说，如果这个道具本身不能非常直接地帮助人们辨识角色，也不能传递任何意义，那这个道具就是无用的道具。

而产品进化论中的道具是指，你的产品要让拥有它的人因此获得较高的识别度和关注度。通过你的产品，别人就能辨别拥有这个产品的人是什么样的身份和地位，会因此对这个人形成特定的印象。举个例子，一个人如果拥有一辆宾利汽车会被外界认为是一个富有的人、成功的人、社会地位高的人。而一个人如果拥有一辆牧马人，他会因此被认为是热爱生活、喜欢自由和冒险的人。这就是产品的道具功能。

我们把产品进化的三个阶段"工具、玩具和道具"的特征分别简要介绍如下：

产品进化的第一阶段：工具

特点：这时的产品是为解决问题而诞生的，因此这个阶段的产品会特别注重实用性，具备一种或者多种解决具体问题的功能。它主要以满足用户的实用性需求为主，不太考虑用户的娱乐性需求。

价值：通常价值不高，因此价格也不高。替代性较强，容易被复制模仿，产品附加值较低，利润不高。当然，也有一种例外的情况。就是你拥有垄断的技术，有较强的知识产权保护，在这种情况下你的产品就具有高价值。

产品进化的第二阶段：玩具

特点：这时的产品在工具属性的基础上，开始具有一定的娱乐性，通过外形、功能的好玩、有趣，满足用户的感官娱乐需求，以及好奇心、审美等娱乐性需求。请注意，这个阶段的产品必须具有实用性，甚至是更高的实用性，而不能完全变成玩具。

价值：相比工具有一定的价值提升，价格可以稍高，复制难度稍微增加，有一定的附加值，利润稍高。

产品进化的第三阶段：道具

特点：产品的实用性成为附加值，这时的产品具有高度娱乐性，除了能够满足用户对于感官娱乐的需求以及审美的需求之外，更能满足用户对于尊重、意义等精神娱乐的需求，成为用户扮演社会角色的某种道具。

价值： 价值较高，价格也较高。只能从功能和外观上复制，品牌本身无法复制。市场竞争力非常强，具有很高的附加值，利润很高。

产品进化论的价值

产品进化论有什么价值呢？知道产品的整个进化过程对于我们的商业竞争有什么意义？

首先，产品进化论的价值在于它能够帮助你判断自己的产品处于什么阶段，满足的是什么层次的用户需求。

想要知道你的产品处于什么进化阶段很简单，只需要想一下你的产品价值卖点是什么就可以了。如果你的产品卖点是它的功能，那你的产品就处于工具阶段；如果你的产品卖点是外观设计或服务体验，那就是玩具阶段；如果你的产品卖点是品牌，那就可以归为道具阶段。

知道自己的产品所处阶段的好处在于，你可以判断产品的下一步进化方向，知道自己接下来的产品研发该往哪里走。

其次，产品进化论能够帮助你判断自己产品的优缺点在哪里。在不知道产品进化论的概念之前，你可能不知道别人的产品为什么受欢迎，自己的产品的优缺点具体是什么。

产品的优缺点其实不是指你的产品一定要进化到道具才算好。如果你能够像荷兰的阿斯麦（ASML）公司一样，拥有制造电脑芯片的光刻机专利技术，几乎垄断了全球光刻机的市场，你就不需要成为道具，全身心做好你的工具就好了。

阿斯麦在全球芯片市场的地位有多重要呢？2017年全球光刻机总出货量为294台，而阿斯麦出货量198台，占领了接近68%的市场份额，而在高端光刻机部分，阿斯麦形成了100%的市场垄断。假如阿斯麦停止光刻机的供应，那么全球的半导体生产都将停摆，高通、三星等企业都会因此倒闭。这样的产品，可以一直保持它的工具形态。

我们说根据产品进化论判断自己产品的优缺点，其实是想让你知道自己应该处于什么位置，而不是站在这个位置却盯着另外一个位置。

再次，产品进化论能够帮助你确定产品在进化过程中需要弥补的短板是什么。

产品进化论不只是告诉你一个有关产品进化各阶段的概念，更会在接下来的内容中告诉你每个阶段的标准是什么。如果你发现自己的产品还缺少很多上面所说的特点，那就可以朝着这个方向去完善它。

第二节　工具的前世今生和未来：好工具的十大标准

工具这个概念最早是指工作时所用的器具。但是现在来看，这个概念应该扩展得更大些，应该理解为：具备某些特定的功能，能够帮助我们实现某种特定目的的事物就是工具。而且这个工具的概念已经不仅仅局限于有形的实物，也可以是某种服务或手段。

工具本身就有无形的形态。德鲁克曾经说过，"创新是企业家的具体工具"。所以，当我们说产品的时候，其实也包含了无形的服务在其中。而当工具的概念从有形扩展到无形之后，服务也可以借用产品进化论的概念和方法。你的服务同样可以从工具进化到玩具和道具。所以，那些提供无形服务的公司也可以参考本书关于产品进化论的观点去检验你的服务该如何进化。

好工具的十大标准

工具、玩具和道具是没有严格等级之分的。对于很多个人消费品而言，工具、玩具和道具是一个由低向高的进化过程。但是对于很多定位就是工具的产品而言，它们只要做到无可替代即可。即便如此，它们仍有必要让自己变得更美观、更精致、操作更加人性化，直到能够成为行业内最受信赖的品牌。

无论是个人消费品还是其他定位为工具类的产品，本身都是具有工具特性的，做一个好工具其实并没有那么容易。在这里，我们也给出一个好工具的十大参考标准，但凡是做工具型产品的企业，都可以以此为参考。这十大标准分别为：

（1）功能独特。工具就是有自己特定功用的东西，所以好工具的第一个特点是应该有自己独特的功能。这里的独特，是指在这个品类所具有的基本功能上，你的产品一定是最好的。然后在此基础上，你还要具备至少一种自己独有的功能。比如我们日常必备的洗衣液，它的工具属性是具有清洁的功能，这也是这个品类产品的基本功能。在这个功能基础上，很多洗衣液添加了固色功能、柔顺功能等，以解决衣物洗涤过程中出现的褪色、发硬等问题。

我们虽然强调工具的独特功能，但很多人为了功能的独特性往自己的产品里添加一些脱离现实的功能，这些功能往往会沦为噱头。因为这些看起来具有独特性的功能，实际上并不能解决用户的真正问题。或者说它们所能解决的问题是用户根本不关心的问题。

所以，功能独特性的问题，最终要归为你对用户需求的深度洞察，认清它们到底是不是让用户感觉到痛苦的真问题。否则，你的功能就是炫技型的伪功能。

（2）无可替代。对于很多产品而言，要求它在工具层面的功能具备无可替代性是很难的，这就要求你有独家的核心技术。但是我们所说的无可替代性，不是指你一定要在基本功能上无可替代，要求你的产品像阿斯麦公司的光刻机一样，具有技术垄断的能力。而是要求在基本功能之外的其他功能上有你最擅长的部分，你在这些附加功能上的技术优势，是同类产品无可替代的。

或许有人认为这样的要求太高了，我们不可能在产品上做到无可替代。如果是这样，那你就得思考另外一个问题：作为工具你的核心卖点是什么？如果不能做好你的工具本分，那你就得考虑向着玩具去进化了。用玩具的特点增加你的产品的趣味性，去满足用户的娱乐性需求，而不是在实用性上继续死磕。

（3）引领创新。工具还需要具有引领创新的特性。这里的引领创新首先是指你的工具要有自我进化升级的能力，让你的工具在实用功能方面不断创新。

但是，这里的创新不仅仅是指工具本身的自我创新，更要求你的工具能够带动相关行业的发展，成为相关行业发展的风向标。

这里所谓的带动相关行业的发展是指，如果你的工具是别人生产其他产品的工具，这就要求你的工具能够带动它所加工生产产品的创新。例如阿斯麦公司的光刻机，它的每一次技术进步都代表着整个半导体行业制作工艺的巨大进步。当中国芯片行业 14nm 生产线顺利投产的时候，阿斯麦公司 5nm 光刻机的技术已经到了营运阶段。你的工具的创新带动是另外一个行业的创新，这才是真正意义上的引领创新。

当然，对于很多个人消费品、日用消费品而言，能够在本行业引领创新是一个基本要求。如果能够带动个人或家庭生活方式的改变，就是更高层次上的引领创新。就像个人电脑、互联网改变了我们的工作方式和生活方式，这就是高层次的引领创新。

（4）使用安全。工具是为解决问题而生的。在解决问题的过程中不制造新的安全问题是一个必要的前提，因此这就对工具的安全性提出了要求。你的工具不能有安全隐患，为使用者带来安全威胁。事实上，这也是对工具形态的产品最为重要的一个要求。

工具的安全性会因每个产品不同的物理特征和动力来源而不同，但是对于安全性的基本要求却是一样的，都是不能对人的身体造成伤害，更不能危及人的生命。

（5）操作便利。工具用以解决具体问题达到某种目的，因此工具的操作便利变成一个必要的需求。不便利，效率便不会高，就会因此影响到问题的解决。

一个好的工具应该就像是人的肢体和感知系统的延伸，能够跟操作者融为一体。著名发明家爱迪生曾经这样定义他心目中的好工具，他说，"地球上的一切工具和机器，不过是人肢体的知觉的发展而已。"在爱迪生看来，工具和机器都是人的肢体和感知系统的延伸，使用起来应该是人和工具合二为一的感觉，这样的工具才是好工具。

（6）快速高效。人们发明工具的主要目的之一就是提升效率。因此效率也成为衡量一个产品工具属性优劣的标准，好的工具必须是能够提升效率的。随着物质的丰富和人们对效率的重视，衡量效率的标准也日益严苛，以前可能主要追求数量和速度上的效率。如今，对于质量的提升也是衡量效率的重要标准。

人们不再仅仅追求数量上的效率，这本身也是社会经济发展的一个成果。它说明社会已经过了以数量和速度评断效率的粗放发展期，随之而来的是一个更讲求品质的消费社会。这里的品质不仅包含工具本身的品质，更包含工具作用的对象的品质，是否会因为工具的作用而提升。

（7）**低耗环保**。一个好工具的生产和使用过程都应该是低能耗、低污染、低残留的，这样的工具才是好工具。

（8）**稳定耐用**。很多使用过德国和日本生产的产品的用户，都会对这两个国家的产品印象深刻。因为这两个国家的产品一贯以质量过硬而闻名，其中最显著的一个优点就是稳定耐用。一个工具的性能稳定，这本身就是一种效率上的提升。

所以，即便是洗衣液、洗衣粉这样的日用消费品，都有人主打自己用量少的卖点，因为用量少意味着同样的量可以使用更久。人们之所以对德国和日本的产品更信赖，很多时候是对它们耐用及稳定性的一种信赖。而现在很多人对苹果手机的信赖，也是出于对它稳定耐用的信赖。尽管很多人并不追求耐用性，更换手机的频率很高，但耐用性本身就是一种使用体验，不会让你经常为卡顿而烦恼。这对没有耐心的现代人来说是非常重要的！

（9）**设计精巧**。作为实用性的工具产品，也是要讲究设计的。但是它跟产品在玩具阶段的设计又有所不同。工具产品设计，以精巧为主，围绕着产品的功能展开，有助于产品功能性的提升和丰富。

比如我们常见的润肤霜的容器。这种产品很明显属于工具形态。有的容器设计成旋盖式的，用的时候旋开盖子用手挖一块出来涂抹，而有的是使用按压式的设计，旋开盖子之后通过按压泵将润肤霜压出来。两种设计的优缺点很明显，前者直接拿手挖，会有二次污染的问题，而后者不会出现这个问题，这就属于精巧的设计。

我们之所以使用精巧这个词而不是使用精美，主要的区别就在于精巧是为了功能而设计，精美则纯粹是为了美而设计。而美是属于娱乐性需求的，玩具阶段的产品设计就需要精美。

（10）生产娱乐性。 一个好工具本身可以不具备娱乐性，但是如果它可以生产出具有娱乐性的下游产品，这也是一个好工具的标准。

在这里我们举一个例子。广东顺德有一家珀誉投资公司，专门生产种植植物需要的灯。我们通常可能会理解为是植物需要提升温度，所以需要灯光。事实上，它们的灯光主要是为了让植物变得更美，而美在娱乐化思维中是属于娱乐性的。它们的全光谱灯光，有专门用于兰花、多肉、草莓等种植的，也有专门用于水族箱中的水草养殖的。经过灯光的照射之后，因为激发了植物体内的花青素，原本颜色单调的多肉、水草可以变得五颜六色。从经济价值上来说，这些植物因为变得更美而更有价值，从原来的几元钱一株变成了数十元甚至上百元一株。

你看，原本就是满足光照和温度的灯光，因为能够生产出具有美感、具有娱乐性的产品，因此变得更有价值。目前，这家公司的养殖专用灯已经做到同业中第一的位置。这就是一款能够生产娱乐性的好工具带来的价值。

有关怎样才算是一个好产品的标准,我们基本上讲解完了。在此有必要重申的是,千万不要小瞧了产品工具属性的重要性。在进化你的产品之前,你需要先弄清楚你的产品价值在于工具属性还是其他属性。如果你的产品的核心价值在于工具性,那你就有必要继续深挖产品的工具性,让它成为一个高效、安全、环保、创新,且功能独特无可替代的好产品!

如果你的产品工具属性已经在你力所能及的范围内挖掘殆尽,这时你仍旧想延长产品的生命周期,可以适当考虑将你的产品进化到玩具阶段。接下来我们就探讨如何将你的产品从工具进化到玩具。

第三节 玩具的进化论:从工具到玩具的十大方法

工具的特点主要是功用性的,需要有足够强的功能和用途才可以。产品的玩具属性则完全不同。产品在玩具阶段的特点是,在工具解决具体问题的实用性功能之外,玩具阶段的产品开始具有一定的娱乐性,能够通过产品外形、功能的好玩、有趣,满足用户的感官娱乐需求,以及好奇心、审美等娱乐性需求。

需要提醒注意的是,这个时候的产品必须具有实用性,甚至是更高的实用性,而不能完全变成玩具。

另外,切记我们将产品从工具进化到玩具的目的,是为了满足用户的好奇心、审美的娱乐性需求。所以,我们所做的一切都要围绕这一点。具体如何将你的产品从工具进化到玩具,我们提供了以下十种方法论。

一、产品颜色的趣味化

我们在前文中解读用户好奇心这种娱乐性需求时,已经笼统介绍了一些满足好奇心的方法。因为用户喜好奇特的事物，所以从满足好奇心的角度来说，我们投其所好为他们提供新奇特的东西就好。

从产品的角度来说，什么能够让用户一眼就觉得它特别呢？无疑就是颜色了，颜色就是第一重要的产品创新。

比如我们常见的啤酒瓶多是绿色或棕色的，忽然见到一款白色的啤酒瓶，用户就会立即被吸引。而事实上就有这样的白色的啤酒瓶品牌，它的名字叫粉象啤酒。更为极致的是，这款比利时啤酒标志的颜色是粉红色的，也很符合它的品牌名字，让人印象深刻。

看见新奇的事物，我们总是愿意多看两眼。在这外貌的诸多构成元素中，颜色是我们的视觉系统最早捕捉到的一个信息，因此它也是最重要的一个。

怎么让你的产品具有玩具的属性？第一点就是先给它一个新奇特的颜色。所谓的新奇特，就是要跟常见的同类产品不一样，甚至是反其道而行之。最直接的方法就是，使用最不该出现在这个产品上的颜色，或者能跟其他同类产品形成强烈反差的颜色。

二、产品外形的趣味化

我们视觉能够最先捕捉到的信息，除了颜色之外就是形状。给你的产品一个不同于同类产品的形状，也是增加产品外形趣味化一个最简单直接的选择。

我的女儿有收藏橡皮擦的习惯，为什么呢？因为橡皮擦的形状实在太多了，有水果形的、卡通形象的，还有很多动物形状的。每一个看起来都很好玩，都有点爱不释手。于是，便将每个喜欢的样子都买一个。本来买橡皮擦是为了它的实用性，现在却可以成为一种爱好，满足我们的娱乐性需求。

三、产品气味的趣味性

人的感官系统中，鼻子的功能也是很重要的。我们说玩具具有满足人的感官娱乐的功能，所以除了眼睛能够看到的颜色形状之外，鼻子所能感受到的气味也非常重要。如果你的产品本来是没有气味的，现在可以根据用户人群的特点，考虑加入某种味道。

例如橡皮擦，我们都知道原来的橡皮擦大多是乳白色的，也没什么味道。如今市面上的橡皮不仅有了颜色，还有了味道。最早只是一些普通的香味，之后慢慢有了各种水果的味道。这种做法其实就是用味道来增加它的趣味性，让它更具有玩具的性质。

四、产品味道的趣味性

味觉系统也是人体重要的感觉器官，给原本没有味道的产品加入味道，给原来有味道的产品增加一种特别的味道。这样都可以给原来平淡无奇的产品增加一些趣味性。

例如我们常吃的雪糕产品大都偏甜口，有巧克力味或者不同的水果味、牛奶味等。但是有商家却制造出了麻辣味、芥末味等重口味的雪糕。我曾经亲自尝试过，芥末味也不辣，只是吃起来有芥末的味道而已。另外，美国奥兰多的迪士尼还专门提供免费品尝各种味道、气味的服务，这里有几十种口味特殊的汽水，有许多游客在这里品尝，因为这种体验非常新鲜好玩。

五、产品声音的趣味化

并不是每一种产品都是有声音的，但是没有声音的产品是否可以加入声音呢？这是一个有趣的问题，也是一个可以制造产品趣味性的方法。当然并不是每一个产品都适合加入声音，但不可否认的是，有很多产品可以加入声音。这些声音包括人的说话声、音乐声，或者是自然界的声音。

我在日本曾经参观过一个音乐盒博物馆，里面有各式各样的音乐盒，大的、小的、各种材质的，从几块钱的到几万块钱的，应有尽有。打开任何一个形状的盒子，或者不是盒子的物品，都能听到悦耳的音乐声。当时我就有一个冲动，在中国也应该有这样一个音乐盒的礼品店。试想一下，你的产品包装盒如果发出音乐会给用户怎样的惊喜。原本冷冰冰的文字提示，如果转化成为亲切温柔的语音提示甚至是音乐提示，用户一定会很满意。

六、产品外包装的趣味化

一个好的产品设计应该包含它的包装设计。产品有趣，但是包装无趣，会直接影响产品带给用户的感觉。因此，我们应该在关注产品本身趣味性的同时，也将产品的外包装设计得符合产品的趣味性定位。这样才是一套完整的玩具进化方案。

在产品的外包装设计上，你同样可以运用我们在前文中所提到的颜色、形状、气味趣味化的方法。

七、产品名字的趣味化

上面几点都是通过感官层面的刺激来获得趣味性，为用户提供新奇好玩的体验，满足用户的娱乐性需求。但仅有感官的刺激还是略显单调，所以我们还需要更多的方法来增强产品的趣味性，帮助产品从工具形态向玩具形态进化。给产品起一个有趣的名字也是一种趣味化的手法，同时也能够让用户很容易记住你，且很难忘记你。

比如我曾经在台湾见过一种方便面的名字叫"张君雅小妹妹"。在台湾看过它的电视广告之后，许多年过去了，这个品牌名我仍旧记得。这一切都是因为它有一个好名字的缘故。

广州有一个鸡蛋的品牌叫小笨蛋，名字也相当有趣。其实这个名字早就存在，只是之前没有人想到要用于鸡蛋的品牌名。所以，创新有时候就这么简单。敢想敢做，想别人不敢想，做别人不敢做，本身也是一种创新。当别人没有重视自己的产品名，而你的产品有一个有趣的名字，就会产生出差异化。

八、主题的趣味化

有趣的名字是一种趣味化的创新，但这还不够，如果你还能为自己的产品定一个有趣的主题，那就更好了。但是，很多商家在产品开发中面临的一个普遍情况却是，几乎很少有产品有自己的主题，甚至产品界有关产品主题的讨论也很少。也有很多人认为产品的主题根本不存在，或者简单地认为产品的主题就是价值卖点。这种想法都是因为对产品需要的主题不了解，甚至是误解所造成的。

我们知道所有稍微讲究一点的创作都是有主题的。比如文学创作、电影创作、戏剧创作、音乐创作、绘画创作，都需要一个主题。文化、艺术创作都有主题，围绕主题才能展开创作。产品没有主题说明一个什么问题？那就是产品没有文化和艺术气质。没有主题的产品是怎么设计出来的呢？那就是在没有方向指引的情况下东拼西凑，跟着感觉走设计出来的。

产品没有主题，也就没有办法给营销定一个很好的主题。很多产品在开发阶段没有主题，然后在营销阶段拼命想主题，挖掘产品的主题，然后围绕这个主题去做文章。最常见的情况是，营销的主题跟产品的主题不匹配，或者营销的主题夸大了产品主题的内涵及外延。这个很容易理解，因为你的产品本来没主题，你所谓的营销主题不过是后来炮制出来的，自然很难完全匹配你的产品特征。

前文中提到的比利时粉象精酿啤酒品牌，它的品牌其实就是它的主题。英语有谚："Seeing pink elephants"，意思就是看见粉色大象，用来形容人喝醉酒后产生了幻觉，感觉自己看到了粉色的大象。比利时人借此幽了一默，直接将粉色大象印在商标上，做成一款寓意你喝完就会精神恍惚出现幻觉的啤酒。因此也有人把这款啤酒戏称为"失身酒"，形容其酒劲之大。你看，这个其实就是主题，这款酒的创作就是围绕这个主题展开的。

九、产品功能娱乐化

从工具到玩具的进化，我们也可以在产品的功能上做文章。大家已经清楚工具的功能主要是为了解决实际问题，而玩具的功能是为了给用户带来感官方面、体验方面的趣味性，让用户从中获得好奇心、审美等方面的满足感，从消费体验中获得快乐。

这个快乐体验除了可以来自于产品的外形创新之外，更应该来自于产品的功能上的娱乐性创新。这个创新方法主要是为你的产品加入娱乐的功能。在现实生活中，很多原本是工具性质的产品都慢慢加入了娱乐功能。

我们举一个最为常见的例子。手机原来是一个工具性质的产品，它的官方名称叫"移动电话"，属于通信工具。但是随着技术的进步，移动互联网技术的发展，移动电话作为通信工具的特性逐步减弱，反而新增的阅读、办公、游戏等功能越来越走向主流，这其中，很多都是娱乐性的功能。

另外，我们都知道吸油烟机的主要功能是吸掉厨房里的油烟。但是现在很多品牌的吸油烟机都增加了娱乐功能，加上了互联网模块和显示屏，让用户可以一边做饭一边语音控制油烟机播放音乐、视频，搜索网上的食谱指导你做菜。这些都是在原来工具的功能基础上，加入了娱乐功能。

十、产品人格化

产品由工具进化到玩具的第十种方法是产品人格化。我们都知道产品是一个物品，它本身是没有鲜活的生命的。也正因为如此，给一个没有生命的事物赋予生命，把一个不具有人的属性的东西人格化，这本身就是一种能够让用户感兴趣的创新。

我们在前文中讲到了给你的产品起一个有趣的名字，其实是可以跟产品人格化结合使用的一个方法。在上面的例子中，我们举的是台湾的一款方便面取名"张君雅小妹妹"。这个例子也是产品人格化的例子。从张君雅小妹妹这个名字我们可以感知到,张君雅是一个人名,她是一个小妹妹。另外,从产品外包装上的张君雅小妹妹的形象,以及电视广告里的故事情节我们可以知道,这个小妹妹有一张圆嘟嘟的脸蛋。在有了名字和外形特征之后,再赋予你的产品个性特征,然后在不同的广告和线下活动促销中不断强化这一人格特征。这样一来,整个产品的人格化就完成了。

有人说,这不是品牌人格化吗?其实,产品最终都是以品牌的形式存在的。品牌与产品并不是两个独立存在的事物。把品牌和产品完全分开,这本身就是对产品的误解对品牌的误解,也是对营销的一种误解。

第四节　道具的进化论:从玩具到道具的六种方法

接下来,我们要解读的是如何将你的产品从玩具进化到道具。在前面的内容里,我们已经做了许多的铺垫,解释了道具的功能是帮助用户更好地扮演他们想要扮演的角色。道具的消费者更符合创费者的概念,他们消费你的产品是为了创造自己的个性和身份。因此用户所消费的产品对他来说就像是戏剧舞台上演员的表演道具,是为了强化角色的身份而存在的。这个时候用户的娱乐性需求主要是对尊重的需求、对意义的需求。

明白了用户到底为什么需要消费道具形态的产品,我们就知道该用什么方法来将你的产品从玩具进化到道具。

一、升级产品感官的娱乐化:更稀缺、更特殊、更文化、更艺术

我们在产品玩具化的十种方法中,给出了从颜色、形状、气味、味道、声音等多个感官层面赋予产品娱乐化的方法。这些方法不仅适用于从工具到玩具的产品进化,同样适合从玩具到道具的产品进化。但是,这个适用可不是简单的生搬硬套。虽然总体方法是一样的,但是需要根据产品类型、用户人群和用

户需求偏好的不同进行调整。

在玩具阶段，我们通过这些方法赋予产品的主要是趣味性，满足的是用户的好奇心、审美等需求。但是在道具阶段，我们要满足的是用户的尊重需求和对意义的追求，这就决定了我们通过同样的方法所制造的娱乐性是不同的。在道具阶段，显然我们不能再给予产品更多的趣味性，而是要通过这些感官娱乐的方法赋予产品价值感、意义感，以此来满足用户对身份感的追求。

这个时候产品感官娱乐化的一个秘诀是：无论是你的色彩运用、外形设计，还是你的质感、气味和声音，都要强调它们的稀缺性、特殊性、文化性、艺术性，并以此来增加产品的尊贵感、意义感。

我们也可以将这个方法总结为：**更稀缺、更特殊、更文化、更艺术**。

比如我们都知道很多高档汽车里的气味和经济型汽车里的是不一样的。首先是因为高档汽车内部的用料不一样，使用了更多的真皮、名贵木材等。但更为重要的是，部分高档汽车的厂家会专门研发一种材料，这种材料放在车里之后，会不断散发出一种混合着真皮、实木香味的味道。这样做的目的，就是为了让用户觉得车辆的用料更奢侈更尊贵，以此满足用户对于价值感、对于尊重的需求。

除了味道，连汽车关门的声音都是经过大量实验研发出来的。很多人买车的时候都会试关一下车门，为的就是通过关门的声音来确认车的质量是否过硬。豪华汽车关门的声音不同，除了用料不同之外，商家在声音上专门做了技术投入也是主要的原因，而这些都是为了通过感官的娱乐化制造尊贵感和意义感。

二、升级产品功能的娱乐化：更高、更快、更强

除了感官方面的娱乐性升级，要想让产品进化到道具阶段，我们还需要在产品的功能方面进行娱乐化升级。玩具阶段的产品功能娱乐化，最主要是为了提供一些有趣的体验。但在道具阶段，很多比较花哨的功能反而不需要了，这类用户他们所需要的是区别于玩具和工具的一些功能。

实际上，从功能的娱乐性上区分玩具和道具是一件很不容易的事。很多时

候，你会发现它们的功能其实是一样的。遇到这种问题时该如何解决呢？你只需要记住，购买道具的用户其实并不一定是这些功能的真正需求者，他们要的只是这些功能带来的尊贵感。所以，在给他们提供的娱乐功能上，你只需要做到以下几点就足够了。

配置更高：提供高配置的娱乐功能，其实大多数娱乐功能都一样，但你所提供的硬件配置更好。以手机为例，所有的手机上运行的软件和实际的功能相差不大，但是你可以通过更高性能的芯片来运行这些功能。

速度更快：同样的功能，你要比玩具和工具阶段的产品更快一些。比如汽车，同样都可以跑到100公里每小时，但是你的加速更快，从0到100公里的时间你更短，那就是更好的一种表现。

功能更强：同样的功能，但是你的功能更强大，这就是道具阶段产品所需要的。以汽车为例，2.0排量还是6.0排量，两驱还是四驱，后者的功能显然更强大，更有成为道具的潜力。

更高、更快、更强的奥运精神，也是产品从玩具到道具形态功能升级的方法！

三、升级产品主题的娱乐化：产品主题哲学化

从玩具进化到道具同样需要在主题上做文章。在玩具阶段，我们已经提到这个方法。这个方法也是我们所有方法中最难掌握的一个方法，因为这对于产品开发人员的要求比较高。产品开发人员不能仅仅是一个产品设计师和工程师，开发有主题的产品还要求开发人员应该是一个艺术家，能够把产品当成艺术作品来创作。

我们有必要在这里再把产品主题精炼一下。产品主题就是你的产品哲学，是你的产品哲学的浓缩和萃取。

管理有管理的哲学，产品有产品的哲学，这才是一个伟大的公司做出伟大产品的原因所在。想想乔布斯主导研发的苹果手机，最为称道之处就在于苹果手机有自己的产品哲学。极简风格、工匠精神，都在苹果的产品上得以体现。

产品哲学就是产品最大的主题。

但是，在产品哲学这个大主题之下，产品还可以有更为细分的主题。

比如，可以针对不同有纪念意义的日期推出不同主题的产品。汽车厂商经常喜欢推出所谓的纪念版，但是这样的纪念版需要有特定的文化历史背景，否则只是一个名义上的纪念版是没有价值的。

也可以根据不同的用户群体，或就某些特殊的意义推出特别主题的产品，但所有这些都需要有特定的文化历史背景。因为道具形态的产品主题需要给用户带来特别的意义，而不能仅仅是有趣。

四、为你的产品确定一个人设

在道具阶段，仅仅给产品一个主题还不够，你还需要为产品设定一个人设。我们在玩具阶段讲到产品的人格化，讲到给产品取一个名字等。在道具阶段，给产品确定一个人设需要做的事更多。除了名字，还需要赋予它特定的外貌、性格、身世、价值观等，实际上它就是一个升级版的人格化。

产品人设的构成

在这里，我们以汽车品牌Jeep为例说一下产品人设的话题。

名字：除了通用品类名、品牌名，产品还应该有自己的名字，容易记忆并引发联想，且能让人乐意传播。比如Jeep品牌下还有牧马人系列，牧马人下面的产品还有撒哈拉和鲁宾逊。

外貌：就像一个人的肤色、着装都会影响他的外貌形象一样，产品也需要有自己独特的外貌特征。而这个外貌特征的组成，包括产品独特的颜色、突出的形状等，这些特征一定要符合产品人设的身份，起到让人容易记忆，且难以忘记的作用。比如Jeep牧马人的外形特征中，经典的军绿色就很受发烧友的喜爱，而圆形的大灯和棱角分明的外形，更是它有别于其他汽车的一个显著标志。提起牧马人，用户首先想到的就是它的这些外貌特征。

性格爱好：在为产品打造人设时，我们还需要赋予人设以能力特长、兴趣爱好、气质品格、价值观等个性特征。这些个性特征需要突出这个人设是有趣的、热情的、勇敢的、美的、有文化艺术性的。总之，产品的个性要以正面的气质为主，也就是类似影视作品中的正面人物形象，不要为自己的产品设定一个反派形，因为反派总是不那么讨人喜欢的。

身世：我们既然把产品拟人化，那么产品也应该和人一样具有身世。就像 Jeep 汽车一样，它为二战而生，这就是它的身世。任何一个 Jeep 的 4S 店里，都有介绍 Jeep 历史的文化墙，都会将 Jeep 的这个身世分享出来。之所以产品要有身世，这也是出于营销的需求。当你的产品有身世，你的品牌推广就会有故事、有主题、有情感。一个没有身世的产品，要想做好内容营销，靠临时编造故事，通常都不会感人，都难以有效传播。

五、为你的产品讲一个感人的故事

产品道具化的另外一个方法，就是为你的产品讲一个感人的故事。内容营销的一个关键点就是故事营销。因为故事是人类最容易接受，也最乐于传播的一个信息载体，这一点也是从娱乐业借鉴而来的。我们花钱买票看电影，最主要就是为了去看一个好故事。如果这部电影没有好故事，无论其他方面做得有多么出色，我们都会觉得它不是一部好电影。没有好故事就意味着没有好的情感，因为情感是需要通过故事表达的，而情感又是影响用户选择的重要因素。

但是很多人会对讲故事有畏难情绪，总觉得自己的产品没有故事，外加自己也不是专业的编剧，怎么会讲故事呢？对于我们做内容营销的人来说，故事其实是无处不在的。有关讲故事，我们给出几个方法供大家参考。

首先，讲谁的故事？

可以讲老板的故事、员工的故事、供应商的故事、用户的故事或其他相关人员的故事。

围绕什么讲故事？

讲关于你的产品的故事。

怎样讲故事？

对于营销中的故事而言，常用故事类型有：英雄类型、情感类型。人都喜欢具有超能力或者取得非凡成就的英雄形象。因为英雄能为常人所不能为，所以我们会对这样的人有崇拜之情。此外，人们喜欢看故事原因是故事中的情感能与我们产生共鸣，让我们受到感动。因此这样的故事也会更容易被记住、被传播。

那么，如何讲好一个英雄的故事呢？

一个好故事的要点是，原来平衡的状态被打破了，为了找回平衡，主角带着任务出发了，经过一番努力，最后达到了一个新的平衡状态。

有关英雄类型的故事创作的方法，有这样一个结构可以供大家参考：

失衡—主角启程—受到启蒙—接受考验—成功归来—新的平衡

怎么来理解这个结构呢？

第一阶段：在故事的开头一定要有一个外来因素打破了某件事的平衡状态。具体到企业产品的故事或品牌的故事，可以是产品在市场上受挫，比如：被竞争对手打压、被客户退货或者是遭遇了其他更为严重的打击。整个企业命运因此受到冲击，进入失衡状态。

第二阶段：主角启程。也就是主角要在这个时候出场，他带着拯救公司命运的使命开始了自己的行动。但是，事情没有简单。虽然一路上他付出了很多努力，但是都以失败告终。

第三阶段：受到启蒙。天无绝人之路，当你努力到一定程度的时候，上天都会帮助你的。就在眼看就要陷入更大的绝境之时，主角收到了某个人或某件事的启发，由此豁然开朗，并展开新的征程。

第四阶段：接受考验。虽然有了高人指点，主角已经开悟，但是前途仍旧不会一帆风顺。在这个过程中，主角会接受更为严峻的考验。在好莱坞的英雄电影中，通常这个时候主角会遭遇更大的BOSS，与反派主角展开决斗。

第五阶段：成功归来。在经受考验之后，主角成功归来。

第六阶段：新的平衡。在主角获得成功归来之后，事件达到一个新的平衡。但这个平衡并非是失衡前的平衡。这个新的平衡必须比之前的平衡具有更高的意义和境界，比如从英雄状态回归平凡人的状态，用自己获得的成功帮助更多的人。

进行完整个流程，一个英雄的故事就诞生了。

六、产品品牌化，品牌 IP 化

产品最后都是以品牌的形式存在于市场竞争之中的。所以，产品进化成道具的最后一个阶段，就是从产品进化为品牌。

也许讲到这里大家又该会问，产品成为品牌的方法是什么。事实上，如果你把之前这一部分内容完全理解透彻运用得法的话，产品已经可以成为品牌了。在前文所介绍的方法中，不仅很多都是做品牌的方法。尤其是产品进化为玩具形态和道具形态的这些方法，几乎都是做品牌常用的方法。这些方法包括：感官娱乐化的方法、主题化、人格化、情感化、故事化等方法。

甚至这些方法也是品牌成为 IP 的方法。因为这些方法都是我们从娱乐业和娱乐作品的创作中借鉴而来的。而娱乐作品尤其是电影作品，本身都是按照打造 IP 的思路打造的。

在产品道具化的最后一部分内容里，我们再讨论一个问题：什么样的品牌才能成为道具？这个问题可以分成以下几个角度来思考。

首先要成为用户心智中细分品类最佳。如果不能进入用户心中的优先选择范围，那就等于你已经失去了用户，失去了市场。而要想打进用户的心智，就要使用定位理论，在细分品类中找到自己的定位，然后运用产品趣味化、主题化、人格化、情感化、故事化等品牌打造方法，就能够进入用户的优先选择范围。

其次，成为有动人故事的品牌。我们常说品牌要有故事，但是仅仅有故事还不够。故事能够打动人才是关键。不能打动人的故事相当于没有故事，因为无法形成强烈记忆和传播。

再者就是要成为有情感的品牌。一个品牌没有情感，你的品牌故事就没有情感，自然也就无法感人，无法加持你的营销传播。

还有就是要成为有价值观的品牌。价值观也是产品个性化和品牌个性化的一部分。你的价值观是什么，你倡导什么、批判什么，都是通过你的价值观体现的。而对于用户来说，你的价值观至少要与用户同频，最好是有比用户更高的价值取向，这样才能赢得他们的尊重。

最后，要成为有文化的品牌。所有的营销都是内容营销，内容最后都要娱乐化。内容来自于哪里？大多来自于品牌本身就具有的主题、故事、情感和文化。品牌的文化根源，也是品牌是否能成为 IP 的一个关键。没有文化根源的品牌是不可能成为 IP 的。而品牌的文化是指文化根源，也就是要为你的文化在传统文化、流行文化或者公共道德情操中找到一个根。只有具有这些要素，品牌最后才能成为 IP，成为一个道具！

产品进化为道具的好处是什么？这是本章要回答的最后一个问题。

我想用著名戏剧大师莎士比亚的一段话来回答这个问题。莎士比亚在《皆大欢喜》中有这样一段经典的独白：全世界是个舞台，所有的男男女女不过是一些演员；他们都有下场的时候，也都有上场的时候。一个人的一生中扮演着好几个角色。

既然全世界是一个舞台，既然我们都是演员，既然我们的一生中要扮演好几个角色，那我们每个人在扮演角色时都会需要道具，所以"道具业"一定会很火！

因此，让你的产品成为用户扮演角色的道具，你的产品也一定会很火！

现在，你明白产品为什么要进化为道具了吗？

第五章

营销内容化，内容娱乐化

用娱乐化思维的观点来看，所有营销都是内容营销，包括你拍的每一支广告。我们不妨先看一个例子。

联合利华旗下的个人护理品牌多芬（Dove）在 2013 年推出的一支广告名叫《真美素描》（Real Beauty Sketches）。在这个广告中，多芬邀请了美国 FBI 有名的肖像素描专家吉尔·萨摩拉为参与测试的女性画像。就像目击证人回忆犯罪者的形象一样，一些人在看过参与测试的女性的相貌后，向吉尔·萨摩拉描述测试者的模样，另外就是测试者自己描述自己的模样，萨摩拉在没有见过测试者本人的情况下，仅仅根据两人的描述画出被测试者的模样。通过两幅画作人们惊奇地发现，原来别人眼中的自己都比自己口中描述的更美丽、更自信。很多参与测试的女性在看到两幅画像后都感慨不已。

多芬想借此告诉女性，"你比想象中的自己更美"。很多看过这则广告的观众都被感动了，据说该视频在网络上获得了超过 1.65 亿次浏览量，也是当年被分享最多的视频。同时这则广告和相关的营销活动在当年的戛纳创意节上一举拿下了整合营销类、媒体类、影视创作类、公关以及设计等类别在内的共计 23 项大奖。

我们认为这就是优质的互联网视频内容，也是未来营销的方向——所有营销都是内容营销。

第一节　我们为什么需要内容营销

信息时代的内容为王

很多人应该都听过这句话——内容为王。

但是对于这句话到底是什么意思，未必所有人都知道。甚至还有很多人以为，内容为王是一个互联网专用名词。实际上，内容为王的说法，最早在传统媒体界更为流行。后来，新兴的互联网也从最早的以转载内容为主，开始重视原创内容建设，在不同的场合宣称内容为王。

再后来，营销界也开始宣称内容为王。营销界宣称内容为王的时代背景是，随着移动互联网的崛起，人们获取信息的渠道和获取信息的数量发生了翻天覆地的变化。大家都知道之前的媒体是被少数机构所垄断的，人们想获取信息只能通过为数不多的媒体。所以，那时候的状况是人对信息有一种饥渴感。到处寻找可以看的报纸、杂志和书籍，以便能够获得一些有价值的信息。

但现在的情况则完全不同。人已经被信息所包围，所轰炸，打开手机能看到各种信息的推送，乘坐电梯时电梯媒体有信息推送，乘坐出租车、公交车、地铁时，同样有信息推送。

总之，从以前的信息匮乏到现在的信息爆炸，无论你是否有觉察到，事实上我们已经身处信息时代，信息时代的这一切都已成为一种日常融入我们的生活。

信息时代的特征到底是什么？它对我们的生活和营销有什么影响？为什么营销界也开始宣称内容为王？

注意力稀缺时代更需要好内容

信息技术的发展所造就的信息时代最大的特征是什么呢？

从营销的角度来看，信息时代的最大特征首先就是信息传递的方式发生了变化。以互联网为代表的信息传递媒介无处不在，人们获取信息的便利性更高。用户不用担心缺少信息，而要担心如何筛选信息。

所以，这个时代的另外一个最大特征是，相对于爆炸式增长的信息资源，人们的注意力成了稀缺资源。

以前信息是稀缺资源，用户对信息极度渴求。而现在，信息的泛滥让用户有些不胜其烦。我们会希望在每天能够触达的海量信息中找到对自己有用的信息，自己感兴趣的信息。相比信息的爆炸泛滥，我们的生命有限、时间有限，因此注意力成为这个时代的稀缺资源。

也正是基于这个现实，诺贝尔奖获得者赫伯特·西蒙才会预言："随着信息的发展，有价值的不是信息，而是注意力。"在这个基础上，美国人迈克尔·戈德海伯（Michael H. Goldhaber）在《注意力的购买者》的文章中提出了注意力经济的概念。

注意力对于营销意味着什么？

说到注意力，我们又不得不提到全世界最行之有效的广告推广模式——AIDA模式。AIDA 代表的分别是注意（Attention）、兴趣（Interest）、渴望（Desire）、行动（Action）。什么意思呢？就是你所有广告宣传的目的就是为了吸引用户的注意，引起他们的兴趣，激发他们的渴望，说服他们做出购买行动。只有实现了这四个步骤，这样的广告宣传才算是一个好的广告。用今天的观点来看，当然不仅仅是广告要遵循这个模式，你的公关活动和其他任何形式的宣传推广，都需要遵循这个模式。既然如此，你就可以想象得到，如果你提供的信息不能吸引用户的注意力，那就意味着更不可能会引起他们的兴趣，激发他们的渴望，更不用说要说服他们做出购买行动了。

在一个注意力成为稀缺资源的社会里，信息的爆炸式增长和用户的注意力相对稀缺对营销会有什么样的影响呢？确切地说，是对于营销中的宣传推广有什么影响？

在媒体垄断、信息稀缺的社会里，我们对信息有一种饥渴感。那个时代营销中的宣传推广主要是通过在媒体上做广告来实现的，所以在那时哪个媒体的覆盖面大，用户多，哪个媒体就特别值钱。而企业想要通过宣传推广实现销售目标，最重要的手段就是抢下主流媒体的重要版面打广告。这就是当年中央电视台总是要拍卖自己的黄金档广告位，而众多企业乐意参与竞拍的原因所在。央视标王曾经是中国企业创造营销神话的不二之选。

但如今，时代变了。

互联网成为开放式的媒体平台后，人们进入了自媒体时代，每个人都可以通过自媒体发声。信息的发布权不再被垄断。个人可以有自己的媒体，企业也可以有自己的媒体。如果经营得好，一个个人媒体或企业媒体的用户甚至要比之前一份区域性大媒体的用户还多。更重要的是，自媒体的用户通常是因为共同的兴趣和爱好而主动关注某个媒体，以便获取自己感兴趣的信息。而媒体更是可以根据用户的兴趣爱好标签，将用户可能感兴趣的内容推送给他们。

反之，如果用户对你的内容不感兴趣，你的信息就会成为被忽略的对象。显然，这不是我们营销宣传想要得到的结果。我们想要的结果是，用户对我们广而告之的信息感兴趣、关注、认同、接受，从而受其影响产生购买。

正是因为这个转变，营销界才开始注重宣传推广的内容，进而也响应内容为王的说法，并将其奉之为信息时代、新媒体时代营销宣传的金科玉律。在此背景下，内容营销也成为最新潮、最受重视的一种营销方式。

但是，内容为王只是一个放之营销界、媒体界皆准的观点。在海量的营销信息中，到底什么样的内容才能称王，什么是内容营销，怎么才可以做好内容营销?这个才是我们要探讨的话题。

内容营销到底是什么

很多人都在说内容为王和内容营销,什么是内容营销呢?

在这个问题面前,很多人的第一反应就是,内容营销不就是做各种自媒体、利用各种大V做宣传推广吗?内容营销其实由来已久,并不是什么新鲜事物,只是在移动互联网的手段下,它的传播效果和转化效果更好而已。要想真正掌握内容营销的方法,也并非一件容易的事。让我们先从概念开始介绍一下内容营销及其方法。

内容营销是一种通过生产对目标用户有价值的免费内容,以此来实现商业转化的营销过程。

很简单对吧?一句话已经可以说得明白。但是我们常说,新闻越短事情越大。对于定义也是一样,一句话就能说明白的定义,通常做起来都很难。

很多人对照这个定义都觉得自己就是这么做的。你看,定义中给出的内容营销的要点不就是做免费的内容吗?我们全都做了,但是为什么没有实现商业转化呢?

是的,这就是问题所在。投入了人力物力做内容,也是免费的内容,但是投入与产出不成正比,没有实现理想中的商业转化。问题到底出现在哪里呢?我们来系统梳理一下内容营销的内容到底是什么,内容营销的要点有哪些,也许就能知道答案了。

内容营销的内容到底是指什么,具体有哪些内容形式?

根据内容适配的媒体平台,或者说按照分发内容的媒体平台来划分,内容可以分为以下几种形式:

文字内容:就是以文字为载体的内容。具体的形式包括文章、报告、白皮书、书籍等形式。

文字的分发平台:这部分内容适配的媒体平台很多。PC端的各类网站,以及社交自媒体平台,比如微信公众号、头条号、百家号等,都可以分发这类文字内容。这类网站和自媒体平台目前都有自己的移动端,而且移动端的日活用户数量已经高于 PC 端。

此外，大家一定不要忽视了传统的书籍、报纸、杂志，这些同样也是文字分发的媒体渠道。很多人可能觉得传统的书报杂志早就过时了，不太看重这类媒体的传播价值，实际上这也是一个认知误区。快手最近刚刚出了一本书叫《快手是什么》，餐饮巨头西贝出了一本书叫《西贝的服务员为什么总爱笑》。互联网巨头和餐饮巨头都仍旧注重通过传统纸质出版物来做宣传，至少能够说明传统的媒介仍旧有价值。

图片内容：就是以图片为载体的内容。具体的形式包括摄影图片、平面设计类的动图、表情、绘画、设计图稿等形式。图片内容往往也会搭配文字内容一起出现。

图片的分发平台：适合文字内容分发的平台几乎都适合图片内容。但图片内容有一些更专业、更垂直的平台，比如动漫网站、摄影网站、设计类网站等。

音频内容：顾名思义，就是以声音为介质的内容。

音频内容分发平台：它的传播平台中，包括现在新兴的互联网音频应用软件，比如喜马拉雅、荔枝 FM 等，也包括一些互联网的知识付费平台，以及其他语音社交应用。现在微信公众号等自媒体平台也可以发布语音内容，甚至还包括一些音乐网站和应用，都属于音频内容的分发平台。

很多人可能不太理解为什么音乐网站和应用也是音频内容分发平台。想想看，如果你的内容能够以音乐的形式呈现，会不会比其他的音频内容更受欢迎呢？

视频内容：以视频为媒介的内容就是视频内容。

视频内容分发平台：这也是最近最火的内容形态。它的分发平台几乎包括所有的互联网媒体平台，因为现在无论哪一种互联网媒体平台都可以呈现视频内容。当然，更要包括专业的视频网站和短视频网站，以及直播平台。

其实具体选用什么内容形式，并不是决定你的内容营销成败的关键。同样的内容形式还要看生产内容的主题是什么。不同的内容生产方式所产出的内容价值也是不一样的。

根据生产者的不同，我们可以把内容的形态分为 BGC、PGC 和 UGC 三种。

一起来看看，这三种内容形式有什么不同的特点和作用，以及你的内容营销应采用哪一种内容生产方式。

内容营销中 BGC 的重要性

我们先说 BGC。

BGC（Brand Generated Content）：品牌生产内容。就是由品牌方自己的内容生产团队为创作核心，为用户生产有价值的内容。

BGC 的生产方式和目标受众：BGC 的内容由自有团队通过访谈、调研、测评、对比等方式创造。通常通过自有官方网站、官方自媒体、品牌广告等方式来呈现。因此能够直接获取这部分内容的人，通常都是品牌的存量用户，或者是对品牌感兴趣的用户。

BGC 内容的价值点：品牌方自己创造内容主要是为了塑造品牌的良好形象，希望用户接受和认同，从而参与到用户的生活中来，帮助用户实现更美好的生活方式。在这个基础上，BGC 的内容生产有三个要点：

（1）**证明产品优点**：告诉用户你是谁，你的优点在哪里，为什么你是优秀的？给出你的优点的信任背书。用图文、音频、视频等不同的媒介形式呈现你的优点。比如，很多人都说自己的产品是手工制作的但口说无凭，通过图文、音频、视频等形式呈现给用户则更具有说服力。

（2）**成为行业专家**：输出这个行业的相关知识，告诉用户什么是好的，什么是不好的，原因是什么。成为专家也是为了获取用户的信任。你会发现越来越多的商家提供与产品相关的专业服务。比如卖化妆品的商家开始教用户美容、美妆的知识；卖运动用品的商家开始教用户运动的知识。这些都是为了成为行业的专家，获取用户的信任。

（3）**成就用户的美好生活**：成为专家获取了用户信任之后，你就可以帮助用户解决问题，从而让你的产品借机走进用户的生活，让用户的生活因此更美好。很多人觉得自己没有内容，实际上内容无处不在。你的产品参与到用户的日常生活之中，用户把这些事记录下来就是最好的内容。

每一种内容生产方式所产生的内容都很重要，在营销时都有自己的作用。掌握方法的前提条件就是先知道它到底是什么，知其然才能知其所以然！

内容营销中 PGC 的重要性

介绍了 BGC，我们接下来再认识一下 PGC 的特点和作用。

PGC（Professionally Generated Content）：专业生产内容。所谓的专业生产内容，其实可以理解为请信用价值较高的人和媒体来生产内容。谁的信用价值比较高呢？就是那些专家、明星、网红、达人、权威媒体、当红影视节目等。内容形式可以是图文、音频、视频中的任何一种或者全部。

PGC 的生产方式和目标受众：PGC 的内容通常会借助专家、达人、网红大V、明星等的言行来创造，可以是访谈，也可以是他们的推荐。最后经由他们的自媒体、公共的权威媒体，或当红影视节目等媒介来做分发。PGC 内容的目的更倾向于获取新用户，以及维系老用户，快速提升销量。

PGC 内容的价值点：PGC 内容的分发借助了品牌方自有媒介之外的一些其他媒介用于信息的传播。这其中包括专家、网红、明星、大 V 的媒体平台，也包括品牌方外购的一些其他媒体资源。在投入相对较大的 PGC 内容营销上，商家自然会希望获得更多的利益。

PGC 的作用主要有以下三个：

（1）**扩大品牌认知度**：从媒体平台上就能看得出，PGC 内容是将目标用户扩大到专家、网红、明星的粉丝群，以及权威媒体的用户和当红影视节目的用户。用户群体的扩大，目的就是为了获取更高的品牌认知度。这是 PGC 内容营销的基本功能。

（2）**获得品牌信任度**：无论是对于新用户还是老用户，PGC 内容营销都希望借助专业人士和权威媒体的信任背书，获取更大的品牌信任度。因为用户信任的下一步就是购买和转介绍购买，以及未来可能的重复购买。

（3）**获取销售增量**：PGC 内容营销经常用于用户拉新，以及特殊营销节点的促销，以便获取大幅度的销售增量。

内容营销中 UGC 的重要性

UGC（User Generated Content）：用户生产内容。顾名思义，是由用户主动生产内容的一种方式。

UGC 的生产方式和目标受众：UGC 的内容当然是由用户自己来创造。可以是用户主动的创造，也可以是在品牌方引导下的内容创造。比如通过各种游戏互动、体验奖励等。最后，这些内容会通过品牌方线上的互动专区、电商平台的评论区、专业知识问答类网站，以及用户的自媒体等来呈现 UGC 的内容。

UGC 内容的价值点：让用户现身说法，以说服其他用户接受与认同，激发他们产生购买。UGC 内容营销的关键是品牌方引导用户产生内容。要想实现这些目标，UGC 内容营销的过程必须具有以下价值：

（1）**产品体验激发用户分享热情**：用户不会平白无故地创造内容推荐你的产品。在两种情况下他们会创造内容。一是你的产品带来的体验实在太好了，二是你的产品体验实在太差了。所以，UGC 内容营销的关键点之一就是，你要让用户获得无与伦比的体验。这时你要做的事不仅是提供产品给用户体验，而且要考虑在什么时间、什么地点、什么情境下体验才会给用户带来不一样的感受。

（2）**给用户提供诱人的奖励**：如果创作内容能够获得诱人的奖励，用户往往会愿意参与创作或分享。

（3）**给用户一个有趣的任务**：在没有奖励的情况下，你可以通过游戏的方式给用户布置一个有趣的、有意义的任务。完成这个任务，用户能够从中获得特别的成就感或满足感，这样的任务下用户也会愿意创造内容。

（4）**组建一个有价值的社群**：社群运营、社群营销也是最近很火的一个概念。能够组建一个价值观趋同，或能够让用户从中获得价值感的社群，然后通过举办线上线下等互动活动，激发用户的创作欲望。这也是 UGC 内容营销的重要价值点。

能满足用户需求的内容才是好内容

我们说了许多有关内容的形式，根据适用的媒体类型不同来划分内容，根据产生内容的主题不同来划分内容。但是要想做好内容营销，我们还需要解答内容营销定义中的另外一个要点。那就是，什么叫有价值的内容？

要回答这个问题，我们需要先弄清楚内容作为一种产品是为谁提供服务的，也可以理解为内容的需求主体是谁。是我们的企业需要内容吗？是互联网平台需要内容吗？

好像是，但又好像都不是。表面上看起来似乎是企业需要输出内容，是互联网平台需要内容。但归根结底，其实是用户需要内容。

在娱乐化思维的需求分析中，用户所有的需求都可分为两种：实用性需求和娱乐性需求。

我们的产品只需要满足用户的这两种需求就可以了。现在内容营销的内容其实同样可以视为是我们的产品，它只需要满足用户的实用性需求和娱乐性需求，或者两种需求中，至少满足其中一种。否则，它就不是一个好产品，不是一个好内容。

所以，在娱乐化思维的理念中，判断一个产品是否是好产品，是否有价值的方法很简单，就是看它能否满足人的两种需求中的至少一种。现在回到我们的内容上来看看什么是好内容。

首先，内容具有实用性，能满足用户的实用性需求。

内容的实用性非常容易理解，就是内容真的能够帮助用户解决一些实际的问题。常见的有各种攻略、测评、绝招、小知识小技巧类等内容，都属于能够具有一定实用性，能够满足用户实用性需求的内容。

其次，内容具有娱乐性，能够满足用户的娱乐性需求。

娱乐性需求主要是指用户的好奇心、审美、情感、社交、尊重和意义的需求。我们也总结了八种娱乐性的特点，只要你的内容具有这八种娱乐性的特点之一，就能够满足用户的某种娱乐性需求。

所以，检查你的内容是否是好内容，只需要看看你的内容是否有这些特点就可以了。具体的做法，我们会在后面的内容娱乐化部分进行讲解。

第二节　所有营销都是内容营销

我们说广义的内容营销根本不是一个新事物,自从有营销开始,有媒体开始,所有的营销都已经是内容营销。只是在不同的媒体时代,信息的数量不同、用户的偏好不同,内容的呈现形式也不同。但是,随着互联网的诞生,内容营销不仅强调内容的创意,更强调运营内容的手段与方法。我们先看看广义的内容营销的发展,再去了解互联网语境下内容营销的趋势与方法。

之所以我们现在更加注重内容营销,是因为从19世纪末至今,随着杂志、报纸、电台、电视以及互联网等媒体形态的不断丰富与演变,内容的分发方式,内容的稀缺程度都发生了非常大的变化。从之前的内容不足,到现在的内容过剩。从之前的内容媒介缺乏,到现在内容媒介泛滥。同时,商品的供应也由之前的稀缺变得过剩。所以内容营销才显得越来越重要。

事实上,每一个媒体形态上,最经典的营销都是内容营销。

无论是杂志报纸的时代,还是广播电视的时代,抑或是互联网的时代,最好的营销一定都有很好的内容。甚至我们判断一句广告语或者营销活动是好是坏,也可以看它是否拥有一个好内容。

很多企业的老板都觉得自己做内容营销最大的问题是没有内容。尤其是做传统企业的老板,在听到娱乐化思维的时候总会下意识地说,我们做传统行业的没法娱乐。在听到内容营销的时候也会说,我们做传统行业的人没什么内容。仿佛不娱乐和没内容就是传统行业的重要特点。

但事实真的是这样吗?我在前面的内容里曾经提到一个观点,传统行业与非传统行业的区别就在于你是否具有娱乐化思维。而娱乐化思维的一个核心观点是"营销内容化,内容娱乐化"。在娱乐化思维的概念中,所有的营销都是内容营销,你的企业的一切都可以是营销的内容。当你没有内容的时候,你缺的往往不是内容,而是发掘内容的能力。

现在就让我们来看看，企业都有什么内容可以用来做营销。

营销内容的十大来源

（1）**产品功能是内容**：企业销售的就是产品，所以你的产品肯定是你内容营销的主要内容。传统的营销卖的都是产品的使用价值，也就是产品的功能。因此深挖产品的功能，找出其核心功能、延伸功能，以及这些功能背后的科学依据、实践效果、原材料的化学成分、属性等，都可以成为你的营销内容。

（2）**产品用法是内容**：产品用法也是产品的重要组成部分。我们经常会见到一些质量不错的产品，但是因为使用不当而造成效果打折。因此，以图文、视频等形式展示你的产品用法，这些都是营销的好内容。

（3）**产生过程是内容**：为什么生产过程也是内容？展示生产过程给用户看，用户会觉得你的产品更值得信任。比如，很多餐厅都开始使用半开放式厨房，让顾客可以清楚看到内部的生产过程，用户也因此觉得产品质量更可靠。

（4）**服务是内容**：向用户提供的服务也可以是营销的内容。但是前提是你的服务足够专业且能够感动顾客。将这样的服务展示给用户，这本身就是最好的营销内容。

（5）**员工是内容**：员工的精神面貌、公司对员工的关爱程度，都是让用户对你的企业和产品产生好感的重要原因。用户可以从你的员工身上感受到你的产品的温度。尤其是对于在销售一线的员工而言，他们才是公司和产品真正意义上的形象代言人。

（6）**用户是内容**：我们在之前讲内容的形态时，专门提到UGC，也就是用户产生内容。用户可以帮助营销生产内容的意思是，用户本身也是内容。除了他们创作分享的内容，他们也是你在做BGC时的重要内容来源。通过用户的故事来带出产品，让用户的故事感动更多用户，这就是最好的内容营销。

（7）**内部工作是内容**：听说过"得到"的例会直播吗？一个公司把内部开会做成直播，还有很多人收看，这就是最好的营销。所以，你的企业的内容工作方法、工作会议、工作流程，都可以成为营销的内容。但前提是你的工作内容要足够有料有趣。

（8）企业环境是内容：听说过日本的"扫除道"活动吗？创始人键山秀三郎通过几十年如一日地清扫自己公司的环境，让自己的企业成为全世界企业学习的对象。老板带头重视公司的环境，以环境成就公司的知名度，也可以是一种很好的营销方式。此外，企业还可以在趣味性、艺术性、互动性、观赏性等方面做文章，以此来作为营销的内容。

（9）企业文化是内容：中国的很多企业都会派高管去日本学京瓷、学松下、学丰田。学习稻盛和夫的经营哲学，学习松下幸之助的管理哲学。企业文化就包括企业的管理制度和经营哲学。当你的企业能够具备文化创新力的时候，一定是一个值得学习的企业，而这一点同样也可以成为你的营销内容。

（10）营销本身是内容：所有营销都是内容营销，所以营销本身就必须是内容。营销的范畴里面包含很多东西，除了产品、渠道等内容之外，宣传推广环节的品牌、公关、广告、促销、活动等，都必须成为营销内容。很多时候，图文、视频只是内容的终端呈现形式，前端的事件、活动等才是内容的源头。

有关这十点内容具体该如何做，我们将在内容娱乐化的部分继续讲解。在本节的内容结束前，我们想提醒读者另外一件重要的事。营销内容化不仅仅要求企业从现有的资源和条件中挖掘内容，更要求企业能够根据营销所需要的内容，反过来倒逼企业在各方面做得更好，从而能够产生更多更好的内容。

比如上述的十条内容来源中，很多人说我的企业环境不行，文化不行，甚至产品也不行，员工也不行。如果是这样，我想你应该检讨的不是营销内容的问题，你需要对你的企业做一个全身体检，然后赶紧对症下药，让你的企业先回归到健康的状态。否则，你的内容营销呈现的都是企业的病态，那可就是大问题了！

第三节　所有内容营销都是娱乐营销

在这一部分内容里，我们实际要解决的问题是：你的内容为什么不能引起用户的关注和兴趣？

有关内容如何创作的问题，很多人都讲过。既然如此，为什么我们有必要再讲一遍呢？因为娱乐化思维认为只有懂得营销背后人的需求是什么，才算知其然并知其所以然，才能真正地学会方法，在遇到不同的营销状况时才能够举一反三应对自如。否则，通过一些案例启发所学的一些方法，很可能会在换一个营销环境时因为条件发生变化而失效。而娱乐化思维就是要帮助你认识人的需求背后的秘密。

用户对于内容的需求是什么

我们知道，人的需求只有两种：实用性需求和娱乐性需求。

只要存在价值交换，人的需求都可以用实用性需求和娱乐性需求来解读。而任何一个有关人的问题背后，也都可以理解为有某种需求未被满足。

我们回到用户对于内容的需求上来。同样的道理，用户对内容的需求也分为实用性需求和娱乐性需求两种。所以，不管我们做什么内容，都需要满足用户的这两种需求。

用户对内容的实用性需求其实就是要求你的内容具有实用性。

内容的实用性：就是指你的内容能够给用户提供某种问题的解决方案，或者能够为用户提供某种知识等。这些就是内容的实用性。

同样的道理，我们可以把用户对于内容的娱乐性需求转换为内容的娱乐性来解读，但是用户的娱乐性需求相比实用性需求复杂很多。

在本书前面的内容里，我们已经知道了用户的娱乐性需求主要是指用户的好奇心、审美、情感、社交、尊重和意义的需求。同时，我们也列举了娱乐的八种特点，它们分别是趣味性、艺术性、主题性、情感、故事、意义、流行和品牌。从营销的角度来看，内容也是一种产品，因此如果内容具有了这些特点，也就可以认为是具有娱乐性的，是能够满足用户的娱乐性需求的。

但是，内容产品与其他产品相比，具有一定的独特性。趣味性、艺术性、主题性、情感、故事、意义、流行这些娱乐性内容都应该具备，但是内容的品牌性体现在哪里，也许会有人有疑问。实际上，品牌的另外一个解读就是IP，当你的内容具有 IP 属性的时候，就因此具有了娱乐性。这个 IP 可以理解为，内容的生产主体具有 IP 属性。比如，李佳琦直播的内容就会因为李佳琦的个人 IP 而具有娱乐性。另外，内容涉及的品牌具有 IP 属性。比如你的内容是关于 LV 的，LV 是 IP，因此内容具有娱乐性。你也可以是蹭了 LV 这个 IP 的热度，使内容同样具有娱乐性。用户的注意力很稀缺，看不到能体现自身属性的字眼，看不到能够引起自己兴趣的字眼，就没有兴趣看下去。

说到这里，我们就可以给出内容的娱乐性具体是指什么了。

内容的娱乐性：趣味性、艺术性、主题性、情感、故事、意义、流行和品牌（IP）。

如果对内容实用性的特点和娱乐性的特点做一个总结，内容营销中的内容应该具有以下这些特点：方法性、知识性、趣味性、艺术性、主题性、情感、故事、意义、流行和品牌（IP）。

方法性：给用户提供解决具体问题的方法。

知识性：相比于方法性，知识性的实用性没那么强，不会立刻见效，但是用户会觉得在某些时候会有用。

趣味性：具有新奇特的特点，能够满足用户的好奇心。

艺术性：指文字的艺术性、图片艺术性、叙事方式的艺术性，或者具有音乐、戏剧、电影等艺术特征；能够通过艺术性产生美感，满足用户对审美、情感、意义的需求。

主题性：内容具有某种主题，能够传递价值观，制造出某种意义，满足用户对意义的需求以及对身份认同的尊重需求。

情感：内容中有情感表达。这里的情感同样包含情绪和感受，能够调动用户的喜怒哀乐等情绪，或能够让用户感受到爱情、亲情、友情的共鸣。

故事：故事是很多人讲内容的时候都会提到的，故事的主要意义在于，它能够制造趣味性，传递美、情感、意义等。

意义：主要是价值观层面的内容。

流行：流行就是热点，是指内容要有热点，能紧跟流行事物。当然，最高的境界是你能够制造流行和热点。

品牌（IP）：就是 IP 属性，内容的创作者、发布者，或者内容的主角是 IP。

以上这些，就是内容要具有的特点，只有这样的内容才能满足用户的实用性和娱乐性需求。但是，娱乐化思维主要研究的是人的娱乐性需求。因此我们就不再对实用性的内容过多解读。接下来我们将深入解读，如何通过娱乐化让你的内容更受欢迎，具有更高的转化率。

内容娱乐化就是与用户"调情"

虽说用户对内容既有实用性需求又有娱乐性需求，但是在娱乐化思维的范畴中，满足用户的娱乐性需求才是最重要的。

原因在于，如果你的内容只能满足用户的实用性需求，用户最多愿意收藏你的内容，学习一下你提供的方法。请注意，这里说的是内容的实用性，而未必是产品的实用性。如果仅仅是内容的实用性，用户不会因为你的内容实用而购买你的产品。

请记住，我们是在讨论通过内容做营销。理想的状态是，用户看到我们的内容之后被吸引，被激发出购买的欲望，进而做出购买的行动。这才是内容营销要达到的目标。

我们可以把内容营销比喻为吸引用户，让用户抵制不住诱惑从而做出购买行动。用户本来是有欲望的，但是他们的理性会控制欲望。你的吸引能不能成功，要看内容的娱乐性够不够，能不能用娱乐性的感性打破用户的理性。所以内容的娱乐性就好比是跟用户"调情"，把用户的情绪调动起来了，用户头脑一热就会产生购买行为。

想想看，娱乐性就是内容中的趣味性、艺术性、主题性、情感、故事、意义以及流行和品牌（IP）属性。这些才是内容真正能与用户站在同一兴趣点上，与用户建立情感交流、情感沟通，最终获得用户情感共鸣和价值认同的基础。

如果说实用性能够引起用户的些许关注，那么娱乐性就是与用户进行交流和沟通，并最终感动用户、说服用户的秘密所在。

除了内容产品，其他产品也是一样的道理。娱乐性才是你的产品中最能打动用户、说服用户的地方。明白了这个道理，我们就能够知道娱乐化思维对于内容，对于内容营销为什么有用了。

内容娱乐化八步法

在讲完了内容娱乐性的特点，以及内容娱乐化的必要性之后，我们需要讲一讲如何进行内容娱乐化。内容娱乐化的方法，源自前文中所提到的构建娱乐化思维的八种方法。因为用这八种方法就能够制造出我们上面所说的娱乐性。

另外，这八种方法是针对所有内容形态而言的。无论是图片、文字，还是音频、视频，都可以使用这八种方法来赋予它们更强的娱乐性，用以与用户"调情"，吸引用户，从而满足他们的娱乐性需求。

（1）趣味化：所有的内容都应该有趣，无论你是传递实用性的内容还是主打娱乐性的内容。就算是想传递一些方法和知识，你都应该想到有一个词叫"寓教于乐"。把你的方法用更有趣的形式呈现，才能为用户更好地接受。

（2）艺术化：图片、文字、音频、视频都应该艺术化。因为艺术能够创造趣味性、创造美、创造意义、创造情感等娱乐性。艺术化的具体方法：

形式艺术化：把你的文字变成诗歌、小说、散文等文学艺术的形式，把你的图片变成绘画和摄影艺术，把你的音频变成讲故事的艺术，把你视频变成影视艺术。在形式上做艺术化的处理。

主题艺术化：把主题放到艺术形式里去呈现，就实现了主题艺术化。

情感艺术化：把情感放到艺术形式里去完成，就是情感艺术化。

故事艺术化：用不同的艺术形式来讲故事，就变成故事艺术化。

（3）主题化：所有的内容都应该有主题。内容是一种创作，没有主题的内容就不能称之为好内容。没有主题，就没有价值观的表达，就不能产生意义，也无法引起用户的价值认同。

（4）情感化：在内容中表达强烈的情感。可以是某种情绪，比如，可以通过内容引起用户的警惕；可以是某种感受，比如通过内容表达真挚的情感，从而引起用户的共鸣。情感在说服用户的过程中非常重要。要让用户放下理性变得感性，就要以情动人，以德服人。很多人在讲解内容的方法时常说的泪点笑点，其实就是我们这里所说的情感化。

（5）故事化：所有人说到内容时几乎都说要讲故事，但至于为什么要讲故事，很少有人提及。之所以在内容创作时要讲故事，是因为故事具有娱乐性。故事的娱乐性首先在于它的表现形式是具有趣味性的。同样的一件事，通过讲故事的起承转合形式呈现出来，会让人觉得更容易接受、更容易记住。其次，故事的娱乐性体现在它是一种载体，你要表达的主题、情感、艺术、意义等，都可以通过故事来呈现。所以，故事的形式只是一个有趣的外壳，更重要的是故事的主题、情感、意义的表达。这才是你讲故事时要重点关注的事。

（6）戏剧化：内容怎么戏剧化？我们上面说到了故事化，其实故事和戏剧是分不开的。故事只是戏剧中的一个元素，而好故事中也同样有我们常说的戏剧性。想想看，你讲故事是否需要戏剧化的情节，你的短视频内容是否本身就是戏剧的形式。

（7）流行化：流行化其实就是热点化。一个好的内容最好是能够自己成为热点话题，这是一个较为理想的状态。但当你无法成为流行、制造热点的时候，请紧跟流行和热点，这样你也能够蹭到热点，获得更高的关注。而且，如果操作得当，你可以在热点的基础上成为新的热点。

（8）品牌（IP）化：做内容营销时最尴尬的事情是，同样的内容，由不同的媒体平台发出来，或由不同的人说出来，其结果天差地别。这其实就是品牌或IP的区别。由一个大V发布，它就能获得更高的关注度，形成较大的影响。而由一个弱势媒体，或许就会被淹没在众多的信息中。品牌化或者说IP化的另外一个意思是，你的内容的主角如果是IP，这样你同样能够获得较高的关注度。这个道理与蹭热点类似，因为IP本身的关注度高、话题性高。所以，在你不是品牌和IP的时候，可以让你的内容与品牌和IP发生关联，这也是内容娱乐化的方式之一。

内容营销案例：《啥是佩奇》

《啥是佩奇》是张大鹏执导的贺岁片《小猪佩奇过大年》的先导片，时长8分14秒。2019年1月17日播出后迅速形成病毒式传播。

这部短片的主角是一位农村的老人李玉宝。故事的开头李玉宝给儿子打电话，接电话的是小孙子。爷爷问孙子想要什么，小孙子说想要佩奇，然后电话就没信号了。其实，李玉宝打电话给儿子是希望他们能回老家来过年。虽然不知道儿子是否能回来过年，但是李玉宝还是开始为孙子在全村寻找"佩奇"。满村子的人几乎都不知道佩奇是什么，只有一个曾经在北京打工做保姆的老三媳妇知道什么是佩奇，说佩奇是猪，红色的，李玉宝便想把家里的猪染成红色。后来听说不是真的猪，是有点像小型鼓风机造型的猪。于是李玉宝把鼓风机给染成了粉色，并把这个土法制作的佩奇带去城里给了孙子。

视频最后李玉宝的儿子接老爸去城里过年了，正在电影院看《小猪佩奇过大年》大电影的李玉宝这时接到了村里人的电话，说找到佩奇是什么了。

这部《啥是佩奇》的短片用的就是内容营销的手法，将广告拍成了有剧情的短片，没有在片中硬销即将上映的贺岁电影《小猪佩奇过大年》。这部短片在网上推出之后迅速走红，片中爷爷为孙子自制的"鼓风机佩奇"引来大量网友的追捧。很多商家在闲鱼、淘宝等电商网站中，高价销售"电影同款鼓风机佩奇"。

现在我们来看一看，这个内容营销的案例中，这部《啥是佩奇》的短片是否运用了内容娱乐化的八种方法。

趣味化：《啥是佩奇》首先是有趣的。它的趣味性体现在把一个网红卡通形象放在了中国北方一个手机信号都不好的山村里。农民不知道网红猪是什么，这种反差就是新奇特的手法。把这个卡通形象放在一个原本它不该存在的环境里，这就有了新鲜、奇特的效果，有了趣味性。此外，爷爷满村子去打听什么是佩奇，去广播站询问，问下棋的人，最后用鼓风机做佩奇，都是因为观众知道佩奇是什么，而主人公不知道佩奇是什么。所以我们会觉得主人公的言行特别有趣！

艺术化：用电影这种艺术形式去呈现一则广告，充分展现了讲故事的艺术。

主题化：8分钟的短片，但是主题鲜明：爱是我们与亲人之间的桥梁。

情感化：这部短片能让人感受到浓浓的爱，爷爷对孙子的爱、对儿子的爱，以及儿子对父亲的爱。这也是故事最感人的地方，所以才会有很多人愿意把它分享给更多的人。

故事化：这一点几乎不用再强调。这则短片之所以受欢迎，故事讲得好是很重要的一个原因。爷爷帮孙子寻找佩奇的故事，有趣、有情、出人意料，也十分感人。

戏剧化：电影本身就是戏剧，故事中的戏剧化更是处处可见。从佩奇到佩棋，再到鼓风机，一路戏剧化反转，才让观众觉得特别好看。

流行化：小猪佩奇是前两年的网红热点。以这个网红热点为线索来做内容，本身就是紧跟流行，紧跟热点的一个做法。

品牌（IP）化：小猪佩奇本身就是IP，就是品牌。当你的产品不是品牌，不是IP的时候，以其他品牌或IP做内容的主角，也是品牌化、IP化的一种手法。

你看，在这样一个内容营销案例中，娱乐化的八种方法全部被用上了。说到这里，请大家对照自己的内容营销案例，你用了几种娱乐化的方法呢？

第四节　内容营销的运营转化

一些人觉得自己没内容，所以做不了内容营销；还有一些人觉得自己一直在做内容营销，但是内容营销的效果却不好。其实真正做内容营销，同时也从内容营销中获得业绩提升的企业并不多。

对于缺内容的企业和没有从内容营销中获得业绩增长的企业来说，其实你缺的不是内容，也不是内容营销有问题，而是你的内容运营能力跟不上。

很多人以为做内容营销就是找一个内容创作团队，让他们生产图文、制作视频、音频内容，然后发出去就好了。也正是因为很多人以为内容营销就是这些，所以才会经常问：为什么我的内容很好却没有阅读量和转化率，而另外一些企业的内容不如我却有较高的点击率和转化率？

原因就在于，你只有内容创作团队，而缺少内容运营团队。如果你有内容运营团队，那就是内容运营团队的能力不达标。

一、确定内容营销的目标

内容营销的时间周期：企业想要是长期的内容营销还是短期的内容营销？只有知道目标才好确定使用什么样的媒体渠道。

目标用户：知道目标用户是谁，给出用户画像，才好向目标用户输出对他们有价值的内容。

销售转化目标：内容营销不能只赚吆喝，要有明确的销售转化目标。有了目标我们才能做好落地转化的后续工作。

营销预算：内容营销原本是投入较低，产出较高的一种营销方式，但是随着竞争的激烈，内容营销的投入也越来越高。尤其是在利用外部媒体资源方面，必须要有一定的营销预算做支撑。

二、根据目标确定内容

内容的选题：根据目标确定要传播的内容主题，在定下主题的基础上再确定内容的其他价值点。

内容的实用价值点：内容产品同样要讲究实用性需求，所以要找到用户的痛点给出实用性解决方案。

内容的趣味性价值点：仅有实用性还不够，好的内容必须要有自己的趣味性。这个趣味性不能仅根据内容创作者的个人好恶来定，而是应该和内容团队运营团队一起确定。

内容的情感价值点：要打动用户必须有情感输出，情感的价值点也必须提前设定。

内容的热点性：利用各种数据分析工具找到当前的热点，确认自己的内容是否能够与热点相关。当然，最好是你的内容能够自己成为热点，当你的内容成不了热点的时候，就尽量贴近热点。

注意内容的槽点：用户最怕被收智商税，因此要提前考虑你的内容的槽点。

有槽点不可怕，甚至你可以预设一些槽点，因为有争议的内容才会成为热点，但是你要想好用什么内容来应对槽点带来的二次传播。

三、根据目标确定渠道和传播方案

内容营销都是通过特定的媒介渠道开展的，要达成各项目标必须找到合适的媒体渠道，并制定传播方案。

自有媒体渠道：无论什么样的目标，自有媒体都需要用好。BGC的内容主要用在自有媒体上。

外部媒体渠道：外部媒体渠道的选择是关键点，根据营销目标、目标客户选择适合的外部媒体渠道。尤其是聚焦短期业绩增长的内容营销，能否达成销售目标，媒体渠道的选择尤其重要。很多网红大V的表面数据非常好看，实际的销售转化率并不高。当然，这其中可能有网红大V的自媒体本身转化率的问题、内容的问题，也可能是产品本身的问题。因此，选择匹配你的产品和目标的媒体十分重要。否则，你的业绩非常有可能低于你投入的预算。

站内媒体和站外媒体：如果你是电商商家，还要考虑站内的媒体渠道和站外媒体渠道如何选择和适配的问题。

确定发动机媒体：任何一个热点的形成都会有一个发动机媒体。这个媒体可能是一个专家、网红的自媒体，也可能是一个传统媒体，当然也可以是你自己的媒体。要根据内容的特点来确定什么样的媒体更合适，能够帮助我们做第一轮传播的外部媒体通常都是付费的，这也是我们需要发动机媒体的原因。除非你的预算是不封顶的，你可以随便选择你想要的媒体。

SEM、SEO助推传播：根据预算和需求确定是否投入传统硬广、SEM广告（竞价排名、点击付费、关键词广告）、SEO（搜索优化），用于助推内容营销。

确定媒体合作方式：与网络媒体的合作，除了直接支付广告费之外，还可以有CPP（点击付费模式）、CPS（成交支付佣金）、CPA（注册成功支付佣金）等不同的合作模式。

四、确定二次传播的助推方案

第一轮的传播媒体大部分都是要付费的,但很多二次传播是免费的。而且二次的传播的滚雪球效果更明显,因此必须重视二次传播的助推方案,提前做好规划。

二次传播的发动机媒体确定: 二次传播中也需要发动机媒体,否则可能助推失败。

二次的传播的话题引导: 二次传播时的话题可能被意外带偏,所以发动机媒体很重要,要提早做好二次传播的话题设定和话题引导。

二次传播的危机应对: 万一二次传播的话题被带偏并陷入舆论纷争,必须有应对方案。

五、内容营销的落地转化

加强互动: 内容营销带来的结果不外乎是关注用户的增加和销售的增加。在用户关注之后的互动是进一步黏住用户、说服用户的最重要功课。

社群运营: 有些用户是直接关注企业的自媒体,有些用户是被引导加入各种社群。经营好已建立的社群就成为内容营销重要的后续工作。

加强直接转化: 在用户被内容吸引打动后,需要有直接的跳转落地页面,让用户马上下单购买。如果用户不能马上购买,转化率必将大大下降。

内容运营的方法和工具很重要,但娱乐化思维认为内容运营的重点还是要关注用户的需求点。无论是内容的创作,还是内容的展示方式和展示渠道,都要围绕着用户的需求做文章。有些是满足用户的实用性需求,更多是偏重于满足用户的娱乐性需求。娱乐化思维认为所有的营销都应该是内容营销,但所有的内容营销都应该是娱乐营销。

第六章

为你的企业培养一个首席娱乐官

第一节 你的企业需要一个首席娱乐官

2019年9月9日，腾讯QQ宣布鹿晗成为QQ的首位首席娱乐官。首席娱乐官的英文名是Chief Entertainment Officer，简称也是CEO，跟我们常见的首席执行官（Chief Executive Officer）的简称一样。实际上，在娱乐化思维的理念中，首席执行官真的应该成为首席娱乐官，或者由企业的创始人来担任这个首席娱乐官。

企业常见的职位有CEO、CMO、CFO、COO等，首席娱乐官，也就是新的CEO，其与原来的CEO到底有什么不同呢？他们需要做些什么呢？

在娱乐化思维看来，首席娱乐官就是要负责企业娱乐化思维在企业内的落地。

我们说娱乐化思维强调的是错位竞争。属于迈克尔·波特定位战略中的第二种定位基点——基于用户需求的定位。娱乐化思维强调，在大家都聚焦用户的实用性需求时，我们选择满足用户的娱乐性需求。

而要想做到这一点，你必须有一个首席娱乐官，他要具有对用户娱乐性需求的深度洞察力，是一个对世界充满好奇心的人，有着很高的审美水平，对艺术有一定的鉴赏能力。同时，他还要具备很高的共情能力，以及从平凡事物中发现意义的能力。

给你的产品赋予趣味性的竞争力

用户的娱乐性需求中有好奇心的需求，也就是对趣味性的需求。因此，为你的产品注入趣味性，就能够形成你与竞争对手间的差异化。不要小瞧趣味性这个特点，以为它就是个噱头，不可能真正地为企业带来价值。事实上，以趣味性创造价值的产品比比皆是。

例如前文中提到过的台湾品牌张君雅小妹妹，就是因为在产品的趣味性上与竞争对手有了差异，便因此风靡台湾许多年，而今在中国大陆市场也发展良好。它就是把产品的趣味性做到极致的一个经典案例。

如果用定位理论来看，娱乐化思维几乎就成了它的战略定位。张君雅小妹妹的战略定位就是围绕娱乐化做许多相应的配称。

品牌名称方面做了趣味化的配称，起了一个相当别致的名字。别人都在叫什么师傅、什么郎的时候，把产品命名为张君雅外加一个小妹妹做后缀，显得十分可爱。

产品形态上张君雅小妹妹也做了趣味化的配称，出了一款捏碎面。我们都知道有人喜欢干吃方便面，于是张君雅小妹妹推出了一款捏碎了之后再吃的方便面，明显给这款产品提供了不同的趣味性消费体验。

在品牌广告上，张君雅小妹妹也做了趣味化的配称。通过一个脸蛋圆嘟嘟的邻家小女孩形象，赋予了产品个性和趣味性。每一个广告片都会讲一个小故事。尤其是捏碎面的广告，讲张君雅小妹妹的大脸是被大人捏来捏去捏出来的。这不仅跟捏碎面的捏联系起来，也突出了张君雅小妹妹圆脸蛋的可爱，让我们想起小时候常常被大人捏脸的画面。

在推出张君雅小妹妹方便面之前，台湾维力公司因为老董事长张登旺投资失利，公司负债35亿元。但是在二代接班之后，公司因开发出"张君雅小妹妹"系列产品，让维力从传统的泡面行业跨入休闲食品市场。张君雅小妹妹这个品牌的成功，也让维力公司从此起死回生。

所以，我们一定要重视产品趣味性的差异化。随着用户的娱乐性需求日益增加，通过趣味化带来差异化参与市场竞争，将是企业投资最少，见效最快的一种方式。用迈克尔·波特的战略语言来说，趣味化已经不能仅仅视为是一种运营手段，而应该上升到战略定位层面。在确立这个定位之后，其他运营手段都是为这个战略定位所做的配称。而这个战略定位，就是用娱乐化思维所做的定位，或者可以称之为娱乐化战略定位。这个定位，可以是我们以上所说的趣味化的定位，也可以是后面要说的美的定位、情感的定位、意义的定位等。

而我们的首席娱乐官，就是担负着提出这种战略定位的首要责任，主动去思考如何运用娱乐化思维结合自身企业的特点，找到符合自己企业的娱乐化定位；通过具体的娱乐化运营的配称，形成自己独特的差异化，以便能够更好地参与市场竞争。

给你的产品赋予美的竞争力

在现在的市场竞争中，美其实是一种竞争力。当然，现在很多企业的产品设计也开始有了美的意识，朝着美的方向努力。但在娱乐化思维看来，这些仍旧不够。因为现在我们所谓的美，都还只停留于一种附加值的层面。大多数产品的卖点主要还是实用功能。我们当然不是说你的产品没有实用功能，只强调美这个娱乐性。我们的意思是，你的产品之美还没有成为一个最大的卖点，大到在消费者做选择时，是因为产品之美而最终买你的产品。

在娱乐化思维的理念中，美可以成为一个产品最大的卖点，用户是愿意为它的美买单的。只有到这个时候，我们才认为娱乐化思维已经成为你开发产品的底层思维，娱乐性已成为你产品的基因。

真的有产品是因为美而被消费者认同的吗？在我自己的消费经验中就有这样的案例。比如，我在一开始的时候是不喜欢苹果电脑的操作系统的。但是我又特别喜欢苹果 iMac 的外形设计，所以在 2010 年我要换电脑的时候，最终选择了 iMac，而且一直用到现在。尽管至今我仍旧玩不转它的很多操作，但每次坐在书桌前看到它的时候，都觉得很舒服。十年过去了，我仍旧觉得它的设计很美。迄今为止，我认为我是为苹果 iMac 的设计之美而买单的。因为从实用性上来说，它的操作便利性等，完全不如我习惯的其他电脑。

想想看，你的消费决策中，是否也有为美买单的经历呢？

相信在个人消费和家庭消费品的消费中，这种经验是常有的。服装、鞋帽、电视、电脑、手机、小家电，很多东西我们都可能是因为它的美而买单。因为对于这类产品来说，同质化的情况特别严重。在价钱同等的情况下，你很难找到一个产品的性能是远超其他产品的。在这种情况下，美就成为用户最后买单的主要因素。

而娱乐化思维之所以有其价值，就是因为我们发现了用户这方面的需求，而且告诉你怎样满足用户这方面的需求。

你的企业为什么需要一个首席娱乐官？就是希望他可以用娱乐化思维指导企业的娱乐化战略定位，协调运营部门实践娱乐化思维，为你的产品找到属于自己的美的竞争力。

用娱乐化为你的产品赋予差异化

在用户的娱乐性需求中，有对艺术的需求。尽管我们每个人可能对艺术的理解不同，甚至对艺术一无所知，但这都不影响我们对艺术有着发自内心的需求。其原因在于，艺术能够带来美和意义。这种美和意义在每个人的心中可能都是不同的，这也刚好就是艺术的价值所在。

世界上有很多著名的品牌都在把艺术放进自己的产品设计中，要么选择已经深入人心的艺术名著中的素材，要么通过跨界的艺术形式为自己的产品注入艺术性。总之，艺术在产品的设计中存在已久。

但是在娱乐化思维的概念中，这些都还显得非常不够。一是艺术性在产品中的普及还不够。很多企业主和产品设计师根本没有想到要给自己的产品注入艺术性。其次，即便已经注意到艺术性可以成为产品卖点的商家，也多是把艺术性当成产品的一个噱头，而不是真正地把艺术性当成产品的卖点和主要价值取向。

我们来看日本设计师坪井浩尚是如何将一款水杯做成艺术品的。坪井浩尚的作品中有一款著名的樱花水痕杯。它的卖点是，杯子的底就像是一个樱花的印章。你放杯子的地方总会留下一个樱花图案。为什么会有这样的设计呢？我们都知道这样一个常识，由于玻璃杯内和杯外的温差缘故，水杯总会在桌面上留下一个水痕。对于很多人来说，这个水痕往往是一个困扰。坪井浩尚显然也意识到这个问题，于是他设计了一款樱花水痕杯。这样一来，即便你的水杯在桌面上留下水痕，这个水痕也是美美的樱花图案。

这个水杯显然卖的就是艺术性，而不是实用性。你不会为这个玻璃杯能装水而买单，但是你会为这个杯子能留下樱花水痕而买单。

我们的首席娱乐官，也要具备这种感知艺术、发现艺术之美的能力。为你的产品赋予最大的艺术性。这个最大，指的就是艺术性可以成为你的产品的最大卖点，让用户为之买单。这就是首席娱乐官要做的另外一件重要的事！

让娱乐化成为企业的竞争力

娱乐化思维下的商业竞争力，其实不仅仅是指产品的竞争力，更包括品牌的竞争力，以及企业文化的竞争力。而娱乐化思维想要赋能企业的是，让你的产品、品牌和企业文化都能够通过娱乐化的方法实现差异化，从而在竞争中获得自己的优势，最终获得商业竞争的胜利。

产品的娱乐化最终是为了品牌的娱乐化和营销内容的娱乐化。在一个注意力成为稀缺资源的时代，你的营销如果不能够通过娱乐化的创意从众多的营销信息中脱颖而出，那就意味着你的营销会被信息的洪流淹没。相信这是任何一个企业都不想见到的结果。

在信息爆炸的现实环境里，信息被淹没，或者关注者寥寥，几乎成为这个时代最常见的营销现象。想让你的营销信息或营销内容被用户关注、激发用户的兴趣，通过娱乐化的创意显然是最便捷有效的方法。通过之前有关内容营销部分的学习，相信大家都已经意识到这样一个问题。品牌、营销的内容最终是来自于产品的。没有娱乐化的产品，可以通过内容的娱乐化可以偶尔为之，但终究都是无源之水。

产品最终会以品牌的形式存在于市场之上。实际上，从品牌战略的角度来看，产品品牌的内容来源于产品，企业品牌的内容则来源于企业的文化。有些企业的产品品牌和企业品牌在名称上是一致的，因此企业文化也成为品牌的一部分。在这种情况下，就不仅要求你的产品需要娱乐化，你的企业文化同样需要娱乐化。

企业文化的娱乐化同样是趣味性、美、情感、意义的综合。最终它们都会成为品牌的一部分构成，成为你区别于其他企业的差异化，成为自己的竞争优势。

可以这么说，随着用户娱乐性需求的逐步提升，不会娱乐的企业都将成为传统企业，甚至成为跟不上时代的企业，最终被用户抛弃。

站在这个出发点上，我们认为每个企业都应该有自己的首席娱乐官，他肩负着非常重要的责任。他兼任首席产品官、首席内容官、首席营销官和首席品牌官于一身。在以上这些头衔之外，他还是一个首席趣味官、首席审美官、首席艺术官、首席情感官、首席意义官，外加首席战略官。

用公式表示一下就是：

首席娱乐官=首席产品官+首席内容官+首席营销官+首席品牌官+首席趣味官+首席审美官+首席艺术官+首席情感官+首席意义官+首席战略官

从这个公式我们就不难看出，首席娱乐官的任务有多么艰巨。所以这个人最好由企业的创始人或者 CEO 来担任。否则，领导人都不具备娱乐化思维，下属即便具有娱乐化思维，也很有可能会被无视，被否定，以致最后全无用武之地！

第二节　首席娱乐官的养成条件

每个想要创新的企业，想要在市场上与对手实施差异化竞争战略的企业，都应该培养一位自己的首席娱乐官。他的作用不是像鹿晗担任 QQ 的首席娱乐官一样，只是一个代言的作用。企业的首席娱乐官肩负着创新和制定企业竞争战略的重要任务。既然首席娱乐官如此重要，那要具备什么的条件和素质才能成为企业的首席娱乐官呢？首席娱乐官该如何养成呢？

一、强烈的好奇心

我们知道用户有一个很重要的娱乐性需求——好奇心的需求。有关这一点，也是娱乐化思维与马斯洛需求层次略有不同的地方。在马斯洛的需求层次理论中，只有求知的需求，但是我们认为用好奇心来替代求知更为合适。人之所以会求知，是因为有好奇心。正是好奇心推动的求知欲，才驱动人类不断去探索这个世界的奥秘，推动人类文明的进步。

对于企业的首席娱乐官而言，缺少好奇心就相当于缺少了对用户需求、对产品、对这个世界探索的欲望。这种人是不可能带领团队创造出惊世骇俗的好产品的。因为你不好奇，不求奇，你的产品、你的企业也注定只能平淡无奇。

娱乐化思维想告诉你的是，那个轻轻松松不动脑子就能挣钱的时代过去了。新的时代里，需要你怀着强烈的好奇心去探索用户需求，去探索你的产品创作，去探索你的产品价值与用户需求的匹配。所以，好奇心是你能否成为一个优秀的首席娱乐官并带动企业创新的必要条件！

二、有趣

首席娱乐官要是一个有趣的人。因为用户对趣味性有着强烈的需求，你自己不能做到有趣，那也就很难给用户提供趣味性，很难满足他们的趣味性需求。

有趣的反面就是无趣。所以，要成为一个有趣的人最好的方法就是放弃你的沉闷无趣。或者说，一个沉闷无趣的人是无法成为一个合格的首席娱乐官的。因为你自己无趣，就很可能对有趣的东西不感兴趣，或者不能主动发掘出无趣背后的有趣，更不可能变无趣为有趣。

但是，怎么放下无趣呢？人之所以会对趣味性有需求，是因为背后好奇心的驱动。好奇心就是指人喜欢奇特事物的心理，新奇特的事物能够满足人的好奇心，能让人觉得有一定的趣味性。所以，有趣的前提是你有好奇心。

在此基础之上，你还需要有敏锐的感知趋势的能力，有能够提前预见流行趋势、发展趋势的能力，这样你才能够带领团队创造新的事物。商业中的所谓新，不过是一时的领先而已，等别人都追赶上来的时候，新就成了旧。所以，有趣也可以视为是一种创新的能力。你能够创新，别人才能感受到有趣。

三、审美能力

首席娱乐官需要具备一定的审美能力，这也是因为用户的娱乐性需求中有审美的需求，所以企业通过自己的产品和服务提供给用户的价值中理所应当要包含美的价值。但是在创造美的过程中，你能否真正给用户呈现出他们想要的美，这就是一个非常现实的问题了。很多企业的产品看似提供了美，实际上有可能是提供了丑。

当然，你可以说这是因为每个人的审美不同造成的。是的，这就是我们说首席娱乐官要具备审美能力的原因所在。同一个事物，到底是美是丑，在不同人的眼里有不同的答案。但是，我们所说的审美能力不是这些，不是聚焦于某个具体事物的美丑，而是要求首席娱乐官具备有关审美的底层知识。

比如，在面对一幅画的时候，你至少要能够从构图、色彩、光影、笔触等角度来解读这幅作品。而说起构图的时候，你可以从三角构图、平行构图、十字构图等角度去评价，而不是直接评价它是好看或者不好看。好看与不好看，那是感觉，不是审美。审美是用某些美学的基本语言，通过专业的评价体系去评价审美对象，而不是根据个人好恶去评价。

为什么很多企业的产品设计原本是为了创造美，但实际却创造了丑呢？就是因为不懂得美的基本要素，以至于只是根据自己的感觉来设计，所以才有了你的审美变成了他人的审丑。

对于一个企业的首席娱乐官来说，审美就是一种核心能力。不懂得审美的首席娱乐官一定是不合格的。

四、艺术鉴赏力

用户的娱乐性需求中有对艺术性的需求，因此要求我们的首席娱乐官也应该具有相应的艺术鉴赏力。很多人可能会认为，艺术鉴赏力与审美的能力难道不是同一种能力吗？在娱乐化思维看来，这两种能力是有很大区别的。艺术本身是能够创造美的，因此艺术鉴赏力中一定包含着审美能力，也就是从艺术作品中发现美的能力。但是，艺术不仅能创造美，还包含有文化、历史、故事、意义等特定的元素。所以，艺术鉴赏能力显然比审美能力包含更多的内容，对于能力的要求也更高。

在艺术鉴赏能力中，首先要求鉴赏者了解特定艺术的基本语言。比如你欣赏2020年获得奥斯卡金像奖最佳影片的电影《寄生虫》，不能简单地评价好看或者不好看，这不叫具有电影艺术的鉴赏力。你要了解基本的编导演的技巧，至少知道在编导演方面什么是好什么是坏。此外，你对电影的镜头语言也要有一定的认知，知道不同的镜头语言有什么不同的意义表达。同时，你还要对故事的历史背景、社会文化背景等有一定的认知和理解。只有具有这些基本的知识，你才能算是具有了对电影的基本鉴赏能力。

企业越来越重视通过在产品设计中注入艺术性来满足用户对于艺术性的需求，但是只有具备一定的艺术鉴赏能力，懂得艺术所呈现的文化、历史、情感、意义是否符合用户的认知，是否贴近用户的情感，是否能够向用户传递正向的意义和价值观，才能真正满足用户的需求。而担负起这一重任的，就应该是企业的首席娱乐官。

五、讲故事的能力

在用户的娱乐性需求中，没有直接对故事的需求。但是故事确实是创造趣味性、创造美、承载情感和意义的最佳载体。所以，如果你能够具备一定的讲故事的能力，那便能够通过讲故事的方式让你的品牌、营销等有更好的传播力和感染力。

对于首席娱乐官来说,我们不是要求你亲自动手或者动口去讲一个故事。而是要求你具有欣赏故事、发展故事的能力。当你的故事创作团队没有办法继续他们的创作时,你可以适时给予引导和启发。当他们把故事讲给你听的时候,你能够判断故事内容的好与坏。

六、共情的能力

首席娱乐官还需要有共情的能力,这是因为用户对于情感有着强烈的需求。共情的能力能够帮助你站在用户的角度去思考问题,站在用户的角度去感知你的产品、品牌和你的营销内容,从而从这些内容中感受到它们所传递的情感能否引起用户的共鸣。

共情能力也是一个优秀领导者的必备能力。当你的员工跟你沟通时,当你的客户或合作伙伴跟你沟通时,你都需要有一定的共情能力,大家才能够很愉快地交流。否则,就是你说你的,我说我的。最后你的观点还是你的观点,他的想法还是他的想法。共情力是沟通的前提。这个沟通包括人与人之间面对面的沟通,也包括你的产品如何与你的用户沟通。理解用户的情感需求,为自己的产品、品牌、营销注入情感,与用户实现情感上的交流,也是首席娱乐官的职责。

其实,首席娱乐官应该具备的素养还有很多。但是以上这五种能力,我们认为是一个首席娱乐官必须要具备的,否则,就很难胜任这一职位。

第三节 首席娱乐官和娱乐化思维的边界

企业需要一个首席娱乐官,这不仅仅是一个概念和职位上的需要,而是随着用户需求的变化,企业出于经营管理的需要。从上文中我们已经了解到,首席娱乐官几乎是一个全能型的人。他既要负责产品娱乐性的发掘,也能够从企业的文化中培育出娱乐性。同时,他还要能够找到品牌、营销和其他内容方面的娱乐性。这样看起来，首席娱乐官不仅是一个全能型的人，他所拥有的娱乐化思维也是无所不能的，似乎在什么地方都可以发挥作用。事实上，娱乐化思维也不可能是没有边界的。它应该也有适用领域以及非擅长的领域，如何认识娱乐化思维的边界，也是首席娱乐官应该具备的重要能力之一。

娱乐化思维最能发挥作用的领域在哪里

娱乐化思维研究的核心问题是人的需求问题。它把人的需求分为两种：实用性需求和娱乐性需求。而即便是在这两种需求中，娱乐化思维也只重点研究其中的娱乐性需求，而不研究用户的实用性需求。

在重点研究用户娱乐性需求的时候，娱乐化思维从人性趋乐避苦的假设入手，结合社会经济发展带来的人的需求的变化，推导出人有娱乐性的需求；在细化的人的娱乐性需求的基础上，给出了人的娱乐性需求的具体构成。这些需求包括人的好奇心、审美、情感、社交、尊重、意义等需求。因为在娱乐化思维看来，这些都是偏重心理和精神层面的需求，虽然是没有什么实用价值的需求，但却是十分重要的需求。因为这些需求会直接影响用户做出的选择，而且这些需求的满足带来的满足感也是更为强烈的。

在知道用户的娱乐性需求到底是什么，娱乐性具备什么样的特征的基础上，娱乐化思维还给出了制造娱乐性的具体方法，以便能够帮助企业不仅知道用户的需求是什么，而且能够找到满足它们的具体方法。这就是娱乐化思维的八步法，用趣味化、主题化、艺术化、情感化、故事化、戏剧化、流行化、品牌化这八种方法来制造娱乐性，用户满足对娱乐性的需求。

从这些内容我们不能看出，娱乐化思维研究的主要是需求问题，尤其是娱乐性需求问题，所以它最能解决的问题也理应是需求问题。而用户的需求问题关系到的就是产品的问题、品牌的问题、营销的问题。

在企业的经营管理过程中,用户需求是外部需求,在企业的内部还有一个需求,我们也可以把它称之为供给端的用户需求,那就是内部员工的需求和合作伙伴的需求。他们的需求其实一样可以用娱乐化思维下的需求定律来解释。他们同样有实用性需求，也就是对于金钱的需求。同时，他们也有娱乐性需求，也就是心理和精神层面的需求。娱乐化思维在研究企业员工和合作伙伴的需求时，重点研究员工的娱乐性需求。合作伙伴的娱乐性需求只需要参考员工的需求就可以了。

在研究员工娱乐性需求的满足时，娱乐化思维借鉴了剧组管理的模式，创造性地将剧组管理的模式引入企业管理中，用以满足企业内部员工的娱乐性需求。有关组织里员工难管、效率低下、工作目标不统一等问题，剧组式管理都有一个不同于我们目前常见管理的方法供大家参考。

通过上述分析我们可以很清晰地看到，娱乐化思维最能发挥作用的领域是：

一、产品的娱乐化打造

我们知道企业的战略都是为竞争而生的，最常见的战略就是差异化战略。差异化有很多种，娱乐化思维能够帮助企业提供的是一种娱乐化的差异。这个差异主要体现在用户的心智中。

娱乐化思维聚焦的是用户的娱乐性需求，娱乐性需求主要是心理需求和精神需求。大多数企业目前更关注的还是用户的实用性需求，没有充分关注用户的娱乐性需求。而用户是通过购买产品来满足自己的娱乐性需求的，因此在产品上体现出娱乐性的特征，是满足用户娱乐性需求的最直接的手段。

娱乐化思维擅长的是通过产品进化论的方法，为你的产品赋予更多的娱乐性价值，从而提升你的产品的市场竞争力，提升产品的价值，更好地满足用户的需求。

但是我们都知道，产品满足用户需求这件事并不是孤立存在的。产品在到达用户手中使用之前，企业需要先通过宣传推广让用户认识并接受你的产品，通过渠道获得你的产品。产品到达用户手中之前的这些过程，也就是营销的过程，这也是娱乐化思维关注并擅长解决的。

二、营销娱乐化

产品能够给用户带来娱乐性的满足，但这个满足是一个过程，而不是使用产品时才获得满足。在营销的其他环节，用户的需求同样要得到满足。否则用户就有可能不会选择你的产品，而是选择那些更能够满足他们娱乐性需求的产品。

这其中最主要的原因是信息时代的资讯爆炸和注意力相对稀缺。在每天获得的大量产品信息中，谁的信息能够抓住用户的兴趣点，谁才能引起用户的关注；谁的信息能够引发用户的购买欲望，谁的产品才能最终获得用户的青睐，诱发用户购买。

所以，营销的娱乐化就是要通过趣味性、美、情感、尊重、意义等能够引发用户心理满足和精神满足的内容，引起用户的关注，激发他们的购买欲望，最终实现营销的目的。这一点也是娱乐化营销跟其他营销不一样的地方。

娱乐化思维所强调的娱乐化营销，包含了营销的各个阶段和各种形式，包括宣传推广、品牌传播，以及内容营销、活动营销等。

三、为品牌定位做娱乐化配称

定位理论发展到今天，已经在理论上和实践上获得极大的丰富，但"一个中心两个基本点"，即以"打造品牌"为中心，以"竞争导向"和"消费者心智"为基本点，仍旧是定位理论的核心。娱乐化思维虽然不是源自于定位理论，但却与定位理论有着天然的联系，因为两者都在关注用户的需求，都在关注竞争。

既然关注竞争就必然会涉及竞争战略的问题。定位理论给出的解决方案是通过定位找到差异化，从而赢得竞争。而娱乐化思维同样是一种竞争思维，在别人都关注产品的实用性的时候，我们关注产品的娱乐性。当别人都关注用户的实用性需求的时候，我们关注用户的娱乐性需求。通过娱乐性来实现差异化，这同样是一种差异化竞争。

娱乐化思维与定位理论的另外一个天然联系，在于对定位这个词中"位"的理解。这里强调的"位"，或者说商业竞争中大家争夺的战场，不仅仅是物理空间上的市场，更应该是用户心智中的地位。而娱乐化思维强调的是去关注用户的娱乐性需求，而这个娱乐性需求主要是指用户心理和精神的需求，也就是用户的心智，两者表述不尽相同。

定位理论中提到的抢占用户心智的方法，几乎都在娱乐化思维所提供的方法之中。但是娱乐化思维所提供的理念和方法更为丰富一些。毕竟，这是娱乐化思维重点研究的领域，也是娱乐化思维重点要解决的问题。

从这个意义上来说，娱乐化思维提供的许多理念和方法，都可以作为定位之后的配称，丰富定位之后实践阶段的方法，从而帮助企业在实施定位战略后获得更好的效果。

四、用娱乐化思维做组织管理

在本书中尚未全面展开的一个娱乐化思维的运用，是用娱乐化思维做组织的管理。在组织管理中，我们最常见的问题就是组织的成员工作积极性不高、配合度不高、每个人的想法不统一等问题。但是，娱乐业中的影视剧组却具有这样一些特征。这个组织是临时组成的，每个部门的成员都来自四面八方。有些成员之前配合过，有些则完全没有合作过。另外，这些人与公司也不是固定的合作关系。而且组织成员之间的地位特别悬殊，有的是明星名导，有的是普通员工。但是，就是这样一个临时拼凑起来的组织，它的协同性却非常高，效率也非常高。

在协同性方面我们可以看到，无论每个组织成员的背景多么不同，社会地位有多大的悬殊，大家的目标却相对一致，即按时按剧本要求拍好一部电影。编剧、导演、演员、服装、道具、化妆、摄影等部门，都是按照这个目标来行动的。

从效率层面来说。通常，剧组都有自己的拍摄期。在既定的拍摄期内，剧组一定要完成各项工作。否则就会超期，超期就意味着超预算就意味着赶不上已经确定的档期，很可能需要投资人追加投资等。所以，剧组通常都要在规定的时间和既定的预算里完成拍摄任务。从管理上来说，这些就是效率的体现。

剧组管理的秘密在于，它有很多非常好的管理工具。比如剧本，就是一个很好的管理工具，它设定了每个角色应该做什么事。甚至设定了每个角色说话的内容、表情、姿态。此外拍摄的日程表、通告单等，也都是很好的管理工具。还有就是它有特定的管理语言和管理道具。比如，导演一喊 Action，场记一打场记板，所有人都要进入工作状态，无论你是多大牌的演员，听到这个声音都会遵照行动。

而这些东西显然都是我们日常的组织管理中缺失的。因此，娱乐化思维将剧组的这些管理理念和方法引进到企业的组织管理中来，希望借助更为娱乐化、更符合人的娱乐性需求的方法，来改进组织的管理，提升管理效率。

娱乐化思维在 2B 业务中有自己的局限性

娱乐化思维当然不是万能的。我经常在讲课之后会遇到学生问我这样的问题：老师，2B 的企业如何做娱乐化营销？

这个领域就是娱乐化思维不太擅长的地方。不是说娱乐化思维在 2B 的营销中不能用，而是说它的使用会有很多局限性。比如产品进化论中的道具形态在 2B 的企业中使用的机会就不会特别多。因为很多 2B 的业务中，所提供的产品属于工具形态的概率更高。

另外就是在用户的娱乐性需求方面，B 端客户不是一个具体的人，是一个组织。他们的娱乐性需求很难单独用某个娱乐性的特征来界定，也很难通过满足其中一种需求而让整个组织的需求得到满足。

第四节　首席娱乐官和娱乐化思维的未来

娱乐化思维有自己的应用边界，有自己擅长的领域，也有自己相对薄弱的地方。因此，你不能指望有一种方法帮助你解决自己在商业竞争中遇到的所有问题。这就是我们上文所说的娱乐化思维的边界问题。

除了应用边界问题，我和大家一样也在思考另外一个问题：娱乐化思维有没有自己的生命周期？娱乐化思维提供的很多理念和方法，是仅仅现在有用吗？在未来某一段时间里它还会有用吗？它有可能有更长的生命周期吗？

我是这样思考这个问题的。一个商业领域内的思维模型的生命周期的长短，要看它的基石假设是否能够长期存在。如果它的基石假设具有长期普遍存在的特性，由这个假设推导出来的结论应该也会长期有效。随着时代的发展，这中间可能会发生一些在应用性上时代特色的变化，但是本质上的变化应该不存在。

只要人性趋乐的特性仍在，娱乐化思维就在

具体到娱乐化思维，其本质是一个需求定律，是一个关于人的娱乐性需求的定律。它的基石假设是人性趋乐避苦，就像经济学上的需求定律的基石假设是人性趋利避害一样。

经济学家以人性趋利避害为假设，推出了经济学最核心的理论模型——需求定律。虽然这个定律近年来总是被质疑，不断有人指出它有失灵的时候，有理论瑕疵等。但是，在没有百分百正确的理论模型出现之前，我们都还是通过需求定律来认识经济学，学习经济学。

我们在解读娱乐化思维的时候，也曾指出马歇尔需求理论在娱乐业的失灵情况。但是，我们认为如果将娱乐业和人的生存必需品刨除在外，马歇尔需求定律的适用性会更强。理论的瑕疵的发现并非是推翻这一理论的全部理由，为理论补充一些必要的前提条件才是对既有理论的一种丰富与完善。从这个意义上来讲，只要人性趋利避害的特征不变，经济学上的需求定律在特定条件下就会有自己的适用性，但是也会随着时代的发展有一些变化。

而对于娱乐化思维来说，只要人性趋乐避苦的特征不变，娱乐化思维下的娱乐性需求定律也将会有效。同样，随着时代的发展，人们对娱乐性需求的具体偏好也是会发生变化的，但是这不至于导致人的娱乐性需求的消失。

只要人的娱乐性需求仍在，娱乐化思维的理念和方法仍旧具有实用价值。只是随着社会经济文化的发展变化，人们的娱乐性需求也会发生一些变化。什么样的东西能够给用户带来更强烈的满足感，会因为时代发展变化而有所不同。娱乐化思维要与时俱进的是，密切关注用户兴趣爱好的变化，从而发掘出当下用户娱乐性需求的特征，以便可以用娱乐化的手法去满足他们。

只要商业竞争仍在，娱乐化思维就在

从娱乐化思维的角度来说，只要人的趋乐避苦特性仍在，人对娱乐性仍旧抱有需求，娱乐化思维所提供的理念和方法就能够继续在某些领域内适用。对于商业领域而言，只要商业竞争仍旧存在，只要差异化仍旧是竞争的一大手段，娱乐化思维也仍旧有它的价值所在。

在市场经济社会中，市场竞争是一种常态。我们说娱乐化思维是一种竞争思维，就是以市场经济为背景，以商业竞争为背景。在一个商品供过于求，注意力相比营销信息更为稀缺的社会中，竞争必将长期存在，企业注定会为了争夺用户的注意力而使出各种竞争手段。而在这些手段中，娱乐化必将会成为一种常用的手段。

因为随着技术进步，人对于物品的实用性需求已经成为一种基础需求，这种需求的满足并不会带来占有物质的快乐感。相反，代表着心理需求和精神需求的娱乐性需求会日益增长。为了满足用户的这种需求，企业一定会尽可能用娱乐化思维为自己在市场上寻找差异化的定位，通过娱乐性实现差异化竞争。

只要商业的创新仍在，娱乐化思维就在

娱乐化思维也是一种商业上的创新思维。任何一种商业上的创新，最终都要通过用户需求的满足来检验它的价值。所有创新最后都应该归为需求端的创新，因为如果没有得到用户需求的验证，至少说明这个创新在现阶段是没有很大的商业价值的。当然，这其中的原因也有可能是你的创新超前了，用户的需求跟不上你的创新。无论是哪种原因，至少从商业价值的角度来说，只有用户更愿意买单的创新才是好的创新。

从这个角度来说，创新就是创造性地发现新的用户需求。而只要这个需求尚未得到很好的满足，我们就有必要通过商业创新的方式不断去满足它。

至少从目前的市场情况来看，很多企业尚未意识到用户的娱乐性需求需要满足的重要性，大多数企业都还在瞄准产品的实用性做文章。也正是因为没有

娱乐化思维的指导，所以很多企业的创新很难走出实用性需求的陷阱。与其挣扎于实用性需求陷阱，不如跳出这个陷阱看看用户有哪些娱乐性需求未被满足。这个其实就是创新背后的需求动力，希望企业家们可以意识到这一点。

当然，创新的另外一个动力来源于企业自身。为了获得更高的商业利益，为了获得更大的市场，企业自身也有创新的动力。但是这个创新最终要转化为用户需求的满足。

在企业内外双重创新动力的驱动下，企业是不可能停下创新的脚步的。这也正是娱乐化思维大展身手的地方。只要创新仍在，只要用户的娱乐性需求还在，娱乐化思维就将继续发展和深化。

作为一种创新的商业思维，我们也希望得到更多商界人士的支持，希望通过你们的实践丰富娱乐化思维的理论和应用，期待你们创造出更多运用娱乐化思维取得商业成功的案例！